MATI
MORETTI

INTELIGENCIA SENTI-MENTAL

TEMAS

Moretti, Mati
Inteligencia sentimental / Mati Moretti. - 1a ed. revisada. - Ciudad Autónoma de Buenos Aires : Temas Grupo Editorial, 2025.

174 p. ; 23 x 16 cm.

ISBN 978-987-8387-88-8

1. Liderazgo. 2. Coaching. 3. Inteligencia Emocional. I. Título. CDD 331

Cerrito 136 Piso 3º A, CABA (1010) Argentina
Teléfonos: (5411) 4381.1182 o 4383.6336
www.editorialtemas.com
www.editorialtemasdigital.com

ISBN: 978-987-8387-88-8
1ra edición, abril de 2025

Comité TEMAS Grupo Editorial
Dirección: Jorge Scarfi
Supervisión general: Betiana Cabutti
Edición y corrección general: Martín Scarfi
Diagramación editorial: Editorial Autores de Argentina
Diseño de portada: María Inés Nethol

Dedicado a mi hermano Lucas, mi hermano menor Tobías, a mi compañera del amor, Rosario, mis hijos Mateo y Salvador, mi papá Enrique y mi mamá Analía.
Gracias por ayudarme a ser quien soy y enseñarme que puedo ser lo que desee ser.
Ayer, hoy y siempre.

A mis ahijados Maxi y Agustín, y a mi pequeña ahijada Ámbar. A mis sobrinos Pedro y Conrado y mi sobrina Valentina.
Que el amor y la senti-mentalidad los guíe en esta vida y los impulse a ser lo que quieran ser.

INTRODUCCIÓN

Permíteme comenzar este libro con la experiencia que desató en mí una nueva manera de ver el mundo, una nueva manera de sentirlo y con la cual tuve que comenzar un trayecto de resignificación de muchos conceptos que hasta ese momento estaban incorporados en mí de manera inconsciente, principalmente el concepto de la vida.

11 de agosto de 2021. Estaba en medio de una reunión con mi equipo de marketing digital en una empresa farmacéutica, discutiendo cómo mejorar nuestra comunicación para conectar mejor con los profesionales de la salud, aquellos que viven para salvar vidas, mejorar la salud de las personas y que muchas veces dan a sus pacientes el recurso más valioso, tiempo con sus seres queridos. Esa mañana, mi teléfono sonó. Era un contacto que rara vez me llamaba, por no decir nunca. Pensé que era un error y no contesté. Pocos segundos después, recibí un mensaje de voz por WhatsApp. Empecé a dudar de mi primera impresión, así que apagué el micrófono de la videollamada y decidí escuchar el mensaje. Ese fue el momento en que mi camino hacia la nueva senti-mentalidad comenzó, un camino introspectivo que me llevó a aprender en profundidad cómo comprender y gestionar

mi ser. Recibí la noticia más inesperada y devastadora de mi vida: la pérdida de mi hermano Lucas.

Esta obra intentará ayudarte a percibirte y comprenderte como un ser plurisistémico y atemporal. Te voy a guiar capítulo a capítulo en el camino a la senti-mentalidad. Será un camino en el que pretendo ayudarte a descubrir aquellos elementos de nuestros sistemas que creo son fundamentales para ayudar a nuestro ser a transitar este viaje, siempre con el objetivo de aumentar nuestra consciencia para desarrollar el bienestar. De modo que, a través de esta introspección, puedas dotarte de poder para adquirir habilidades de autoliderazgo y, a la vez, liderar el cambio en cualquier equipo.

Hoy escribo este libro con la intención de ayudarte a hacer un cambio radical en tu vida, brindándote herramientas, claves y reflexiones que te beneficien personalmente en todos tus sistemas.

Cada capítulo tiene una razón de ser, una razón por la cual fue creado. Desarrollaré cada elemento que fue crucial en mí y que, a su vez, resultó ser clave para mi desarrollo personal y organizacional. A través de los capítulos podremos explorar juntos algunas experiencias que he vivido en las organizaciones y reflexiones que he tenido a lo largo de estos años. Te mostraré cómo los elementos de la senti-mentalidad fueron, son y serán aliados en nuestro desarrollo. Exploraremos temas esenciales para crecer en lo personal, profesional y espiritual. Hablaremos sobre cómo nuestros egos, lealtades y creencias limitantes son tanto la causa como la raíz de nuestros dolores, y cómo podemos desbloquearlos para transformar nuestras experiencias en fuentes inagotables de bienestar, tanto para ti como para tus equipos. Veremos cómo las palabras crean nuestras realidades, y cómo la ayuda, esa superheroína contra los egos, puede desbloquearte para encontrar un nuevo equilibrio y lugar. Descubriremos cómo las personas importantes en tu vida forman tu ser y te hacen parte de algo más grande.

Te invito a que vivamos juntos la experiencia ágil de cambiar, comprendiendo la velocidad que los cambios tienen hoy día.

Como en una montaña rusa, en este libro te guiaré desde el inicio hasta el final, capítulo a capítulo, a diferentes velocidades, analizando cómo aprovechar los elementos del sistema a tu favor. Examinaremos estrategias para aprender a impulsarte a través de las emociones. También, convertiremos a la aceptación y el autoconocimiento en una experiencia que te dotará de poder y te permitirá transitar cada capítulo de manera segura. Viajemos juntos por este libro que hice para regalarte nuevos estados de consciencia en tu camino a la senti-mentalidad.

CAPÍTULO 1

APRENDER A SER

¿Cómo aprendemos a ser? ¿Coincide con lo que deseamos ser? ¿Cómo podemos dejar de ser lo que estamos siendo? ¿Para qué? Comencemos este viaje de transformación. Analicemos juntos cuales fueron los componentes que me ayudaron y las experiencias que fueron moldeando poco a poco mi ser.

Desde niño, siempre he aprendido leyendo, haciendo y explicando los descubrimientos. Nací en 1983, un año que, cuando leas este libro, estará muy distante al pasado. Al reflexionar sobre el mundo de entonces y el actual, es inevitable reconocer cuánto ha cambiado todo lo que en aquel momento me rodeaba.

Mis abuelos, padres, tíos, primos, maestros y amigos fueron mis principales fuentes de conocimiento, diversión y amor. Todos ellos contribuyeron significativamente en mi aprendizaje del ser.

Recuerdo la biblioteca que teníamos en casa, un hueco debajo de la escalera que llevaba a nuestras habitaciones. No había muchos libros, sin embargo, había algunos muy interesantes. Teníamos algunas revistas de arte con cuadros de Picasso y de Kandinsky, un curso de inglés de la BBC con cassettes y una enciclopedia que me deslumbró desde el primer día que la descubrí, Lexis 22. Ese diccionario enciclopédico traía un montón de cuadernos, que en mis manos quedaban cómodos al leer, tenía hojas gruesas y plastificadas, encuadernadas con tapa dura forrada en lo que parecía cuero o cuero ecológico. Cada tanto abría alguno de esos libros para ver que tenía dentro, hasta puedo recordar el olor de las tintas al pasar cada hoja. Había uno de los tomos que me llamaba mucho la atención, el Lexis 22 de Matemáticas, probablemente porque veía a mi padre dominar con mucha facilidad ese lenguaje y las matemáticas siempre fueron algo que despertaron en mí mucha curiosidad. Ese libro en particular tenía muchos temas, desde los más básicos a los más complejos, me gustaba leerlo porque tenía ejemplos con dibujos, y eso hacía que lo que leyera cobrara mucho más sentido. La representación gráfica aumentaba mi comprensión, claramente no todo lo que leía lo comprendía, pero esos gráficos ayudaban mucho, al menos a despertar la creatividad y buscar nuevas estrategias para tratar de entender y aprender lo que en ese mágico libro había.

El saber estaba por todas partes, pero a menudo disperso y fragmentado. Reunir, vincular, construir y descifrar ese conocimiento requería un arduo trabajo. A medida que avancemos en el libro notarán que de igual manera sucede cuando queremos comprendernos, o cuando queremos comprender cualquier grupo humano.

Uno de los libros que también me fascinaba era un enorme volumen de apuntes de análisis matemático que se encontraba en un costado de la biblioteca, escrito y graficado por mi abuelo paterno, Rolando. Aquel libro fue un legado precioso para las generaciones que le siguieron. Recuerdo a mis primos estudiando junto a su mamá con un libro igual. Gracias, abuelo.

Toda esa información estaba ahí para ser consultada, pero siempre sentí que no tendría sentido el conocimiento si no se debatía y mucho menos si no se compartía. Por eso, buscaba constantemente a alguien con quien hablar y debatir para profundizar en el aprendizaje o simplemente comentarle lo que había leído. Sin embargo, también comprendí que, en ocasiones, debía desaprender, ya que no todo lo que aprendemos es correcto para siempre.

Con la llegada de la computadora, se abrió un nuevo mundo de posibilidades. Ahora podíamos escribir y crear todo tipo de textos, lo cual era muy emocionante. Recuerdo particularmente un programa llamado Banner Manía, que nos permitía imprimir pancartas, una experiencia fascinante en ese momento.

Así aprendí. Leyendo. Haciendo. Compartiendo con el otro y experimentando con todo lo que teníamos a nuestro alcance. La curiosidad, el arte, y la tecnología se combinaban en un proceso continuo de aprendizaje, hipótesis y exploración.

Tal como hacíamos en aquella casa de mi niñez, en este libro he creado espacios para que trabajemos juntos. Cada capítulo te ofrecerá ejercicios para realizar en papel o en tu computadora, que te permitirán analizar, visualizar y compartir tus descubrimientos. Estos ejercicios están diseñados dentro de un marco práctico que he probado en mis talleres, obteniendo excelentes resultados en aquellos que realmente desean comprenderse mejor.

Este es un libro personal, es tuyo, y aquí podrás escribir, subrayar, dibujar todo lo que gustes y hacer con esa información lo que desees.

Tú serás tu propio líder y yo solo te guiaré como coach en encontrar estrategias que te permitan traer al plano consciente aquellas cosas que, sin darte cuenta, conspiran en tu contra. Nuestra voz interior nos acompaña durante toda nuestra vida y tendemos a convertir nuestros pensamientos en creencias a través de la repetición interna continua. Nuestra voz lidera nuestro pasado, presente y futuro. Por lo cual, como todo líder, necesitamos encontrar las palabras correctas para estar al servicio de nuestra estrategia y propósito.

Ser líder de nuestro ser es una tarea que, como veremos en el próximo capítulo, no es sencilla. Sin embargo, podremos incorporar hábitos emocionales, cognitivos y metacognitivos saludables para aumentar nuestro bienestar. Fortaleciendo nuestra senti-mentalidad a través de experiencias, resignificando nuestras creencias limitantes, y creando un campo exploratorio seguro, podremos convertirnos en nuestros propios líderes y crear nuevos futuros.

Líneas atrás hablaba de la ayuda y más adelante hablaré del poder de las palabras. Esa díada fue, y sigue siendo, fundamental en mi vida, porque así desbloqueé parte de mi potencial. Fue el puntapié inicial. Particularmente, comencé a potenciar mi viaje en la búsqueda del conocimiento cuando conocí a mi compañera de vida, María Rosario Bruni, a quien tengo el placer de tener como coequíper en cada aventura, sea de conocimiento, de acción, de recreación, de saber o de amor, y con quien logramos crear a nuestros dos grandes maestros de vida, Mateo y Salvador. De ellos aprendemos algo nuevo todos los días, y desafían constantemente los límites de nuestra senti-mentalidad. La ayuda que recibí de ella y sigo recibiendo cada día en el incesante camino de resignificar mis creencias limitantes es enorme. Gracias a ella sigo aprendiendo siempre.

Sería injusto terminar estas líneas sin nombrar a dos personas que fueron muy importantes también, cada una desde un aspecto distinto. Mi abuela paterna, Dorita, o mamama como le decíamos, fue mi contención emocional durante gran parte de mi vida. Ella estuvo en cada momento en que las emociones fuertes surgían en mí, en mi infancia y en mi adolescencia, y de ella aprendí que las palabras hacen la diferencia. Su capacidad para ser pragmática y atinada con las palabras tuvo un impacto especial en mi ser. Sus enseñanzas siguen grabadas a fuego en mi corazón.

Mi abuela materna, Tita, me enseñó mucho sobre las lealtades. Su lealtad con su madre, Josefina, o Pepina como le decía yo, fue tan grande que vivió toda su vida junto a ella. Formaban un dúo inquebrantable. Gran parte de la felicidad que mi abuela Tita no logró alcanzar fue a causa de su lealtad, al no poder desarmar sus creencias y avanzar hacia un nuevo orden. Tita tenía un inmenso corazón y, a la vez, un espíritu que necesitaba libertad. Recuerdo con alegría los días en que ella volvía del centro de la ciudad con una enorme sonrisa, diciéndome: "Mira lo que te traje, Mati". En sus manos había una bolsita y dentro un chocolatín o algún juguetito para que pasáramos la tarde juntos. Normalmente era un Jack sorpresa (un chocolatín con un juguete dentro). La sorpresa era doble: ver sonreír a mi abuela de esa manera y tener ese pequeño regalo.

Hoy, mirando hacia atrás, me doy cuenta de que mis deseos siempre han estado ligados a la sensación de compañía, la adquisición de conocimiento en todas sus formas, y el sentido de pertenencia.

Mis deseos para quien esté leyendo este libro, y para todas las personas que lo leerán, son que nos animemos a vivir distintos órdenes y a buscar continuamente nuestro equilibrio de manera eficiente, y, sobre todo a través del conocimiento, el reconocimiento y el amor.

He hablado mucho de mí, y creo que no es el foco de este libro, así que terminaremos este capítulo con una pequeña actividad para comprender aún más cuál es nuestro deseo. Luego, en capítulos posteriores, encontremos la manera de analizarlo en detalle, relacionarlo con nuestros sistemas y cumplirlo.

Acompáñame a la siguiente página para hacer nuestro primer ejercicio.

Ejercicio I

¿Quétegustaríalograr?puedeserpersonaloprofesionalmente.

¿Para qué quieres eso?

Pero, ¿para qué?

y, ¿para qué?

Si no te has quedado respondiendo en círculos, seguramente hayas podido llegar a un deseo bastante acercado a lo que realmente pretendes, en cambio, si te pasó que te trabas al responder el para qué, es porque no estás ampliando la mirada. En esos casos en los cuales sientes que no llegas a la profundidad deseada es importante que trates de pensar y sentir internamente qué beneficios tendrías al obtener lo que quieres, y con ese beneficio qué otras cosas se beneficiarían en ti. También puede servirte pensar si ese beneficio contribuye a[1]:

a) Pertenecer a algo
b) Acomodarte, obtener tu lugar dentro de tu sistema familiar, laboral, de amistades, etc.
c) Equilibrar la relación entre lo que das y lo que recibes.

Bien, ahora que logramos avanzar en nuestro deseo, escribe algo que creas que te impide lograrlo, si son muchas cosas, trata de hacer una lista y dividirla en dos grupos: cosas tuyas que te lo impiden y cosas de otras personas que hacen que no puedas alcanzar lo que deseas.

---

1 Esta manera de analizar el para qué se basa en las tres leyes sistémicas (Pertenencia, Orden y Equilibrio) descubiertas por Bert Hellinger y utilizadas en las configuraciones sistémicas; ver órdenes del amor, Bert hellinger, Herder, 2001.
Para Conocer más en detalle sobre estas tres leyes recomiendo también leer a Ángel de Lope en La visión sistémica-HS, vivelibro, 4ta edición, 2020.

COSAS MÍAS	COSAS DE OTRAS PERSONAS

Gráfico I: Tabla de cosas mías y de otras personas

¿Cuántas cosas tuyas encontraste? ¿Cuántas de otras personas? Enfócate en las cosas tuyas y pregúntate lo siguiente: ¿Para qué necesito eso que me impide avanzar? Por lo general, lo que me limita o impide avanzar tiene una función de preservación y tratará de protegerte de algo. Por ejemplo, tratará de cuidarte de la emoción de frustración, evitar fallas o el fracaso. Quisiera detenerme un momento en los conceptos de falla y fracaso. Para ello, vamos a tratar de definirlos a través de un ejemplo:

Recuerda cuando montaste por primera vez una bicicleta, seguramente durante esos intentos has tenido golpes, quizá se te haya enganchado el pantalón en la cadena, te has golpeado una buena cantidad de veces contra el suelo y hasta has sentido miedo de caerte nuevamente. Bueno, allí lo que sucedieron fueron muchas fallas, propias del camino del aprendizaje. Las fallas conforman un corpus necesario para aprender, sobre todo porque forman parte de la experiencia y nos permite obtener nuevos datos para comenzar el ciclo nuevamente. Ahora bien, si esa hazaña hubiera terminado con un accidente mortal en el cual, por razones obvias no hubieses podido continuar, a eso lo llamaríamos fracaso. El fracaso implica un resultado adverso, pero que, a mi modo de ver, impide que podamos volver a comenzar.

Retomemos entonces las cosas tuyas que te impiden obtener lo que deseas ¿En qué momento de tu vida te sirvieron esas limitaciones, pero que hoy te impiden dar el siguiente paso para conseguir lo que deseas? Vuelve a leer esta última pregunta porque tiene un peso importante, toda creencia de limitación suele protegernos de algo.

La columna "Las cosas de otros" las dejaremos para más adelante, porque en este ejercicio es importante reconocer lo nuestro, lo que está más cerca de nosotros. Retomaremos "las cosas de otros" en el capítulo sobre los egos.

Solo si lo deseas, te propongo que leas cada una de las frases de la lista y digas en voz alta o internamente:

"**Gracias [**frase de la lista**] por haber formado parte de mi vida, acepto que hayas intentado protegerme, pero decido trasladarme yo solo a un lugar mejor**"

Es importante que esta frase la sientas en lo más profundo. El agradecerle a la limitación crea un vínculo de aceptación, que cuando es genuino se convierte en liberador. Liberarnos de nuestras limitaciones será parte del capítulo de las creencias limitantes, sin embargo, este es un buen comienzo. Puede sucederte que al principio no logres agradecer o aceptar con convencimiento. La perturbación al estado de inercia que tienes con tus emociones, y que generan tus limitaciones, es el comienzo de un camino de resignificación y transformación. Comenzar por verbalizarlo, es un gran paso.

Fin del ejercicio.

Este es un ejercicio simple, pero que ayuda a ir reconfigurando nuestro ser, transformarlo desde la aceptación y dotándolo de mayor libertad. Siempre asumiendo la responsabilidad inherente que tenemos a la configuración de nuestros sentimientos.

Somos responsables de comprender nuestro poder y aceptar que no somos simples receptores de nuestras emociones, sino que participamos activamente en el modo de interpretar y responder a las vivencias en el mundo que nos rodea. El aprendizaje del proceso cognitivo y sentimental nos aportará mayor poder interno, mejorará nuestra percepción y nos brindará mayor confianza. Esta perspectiva de autoconocimiento e inteligencia introspectiva nos ayuda a transitar el camino de transformación desde un plano más equilibrado y consciente, impulsando el aprendizaje y crecimiento de nuestro Ser.

CAPÍTULO 2

EL LÍDER OCULTO Y LA ZONA DE CONFORT

¿Cuántas veces te has encontrado en situaciones donde debías tomar la iniciativa y avanzar? Seguramente muchas. Leer este libro para dotarte de poder interior es una de ellas. Algunas decisiones, como levantarse de la cama, vestirse o preparar un café, pueden parecer triviales. Otras, como emprender un nuevo negocio o aprender algo nuevo, son más significativas. En todos estos casos, estás tomando la iniciativa. Cada acción que realizamos durante el día prepara a nuestro cerebro y cuerpo para pasar al siguiente estado. Nuestro cerebro utiliza el 98% de su energía para tomar decisiones de manera subconsciente[2], lo que quiere decir que solo el 2% restante lo destina a actividades conscientes. Si bien este número parecería ser muy poco, debemos comprender que, a través del tiempo, incorporando nuevas experiencias y aprendizajes, ese 2% será representativo de algo mucho más grande.

---

2 https://www.lavanguardia.com/ciencia/20110110/54098614275/doctor-a-k-pradeep-el-95-de-las-decisiones-que-tomamos-se-gestan-en-el-subconsciente.html

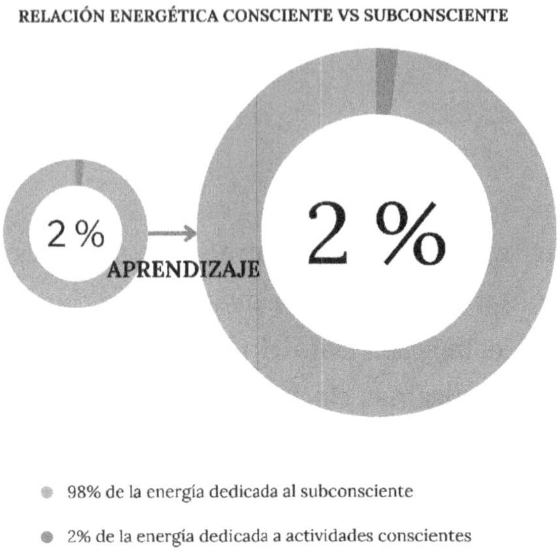

Tal como les muestro en el gráfico "Relación energética consciente vs subconsciente", al aprender incrementamos la base de conocimiento; por consiguiente, la gráfica, y ese porcentaje será representativo de una cantidad mayor. La energía se destinará a un mayor número de elementos del sistema.

Encuentro sumamente interesante que la relación 98/2 se mantenga a lo largo de nuestras vidas y que, a medida que incrementamos el conocimiento y lo incorporamos, nuestro cerebro busca la manera de salvaguardar esa relación.

Pensemos por un momento un ejemplo para que esclarezca esto. Podríamos volver al momento de tu vida cuando aprendiste a montar por primera vez tu bicicleta. Al principio, seguramente debiste pensar cada movimiento, hasta hacerlo lo suficientemente preciso para que la bicicleta siga su curso sin caerte. Sin embargo, una vez incorporados los movimientos, dejaste de pensar en los detalles. De este modo, nuestro cerebro incorporó cada acción en el inconsciente y montar la bicicleta pasó de ser algo complejo a algo simple y natural. Conforme avanzamos en el camino del saber y sumamos experiencias en nuestra vida creamos nuevas conexiones cerebrales que configuran una red neuronal más grande.

El cerebro es una máquina que busca la máxima eficiencia, asignando energía de manera autónoma. Como digo en mis talleres, el cerebro no es, sino que necesita ser "vago", y siempre intentará tomar el camino de menor resistencia, automatizando tareas repetitivas. ¿Alguna vez te ha pasado que debías hacer una actividad y que por todos los medios buscaste la manera de hacerla más eficiente, con el menor esfuerzo? Pues bien, ese es tu cerebro tratando de liberarse de esfuerzos innecesarios y pasando tareas al 98%. Para explorar nuevas soluciones o tomar iniciativas, a menudo debemos forzarlo a salir de su zona de confort, ¿de qué manera? Trabajando con el 2%.

El cerebro está acostumbrado a trabajar con las necesidades y es extremadamente eficiente en resolverlas. Me gustaría que imagines por un momento si tuvieses que pensar cada vez que respiras, o si tuvieses que regular tus hormonas conscientemente, trabajo dificultoso y misión imposible para nuestra consciencia. Por tal motivo, nuestro cerebro asigna casi toda su energía en automatizar y mantenernos vivos, realizando innumerables tareas de manera autónoma para que podamos seguir con nuestras vidas. Liderar la resistencia a lo automático tiene un alto costo energético para él. Esto hace que nuestro cerebro deba invertir más energía en el lado B del proceso (2%), lo que puede ser incómodo y tratará de llevarnos de nuevo al camino seguro. Sin embargo, cuando encontramos un nuevo camino mental y formamos nuevas conexiones, la gratificación es inmensa, y nos recompensa con emociones como la alegría y la excitación. ¿Cuántas veces has sentido una gran emoción al tener una idea? Esto sucede porque lograste liderar el camino de mayor resistencia y obtuviste una recompensa por tu coraje. Ahora bien, consideremos el caso contrario: ¿qué ocurre cuando tomamos la iniciativa y decidimos emprender ese camino complejo fuera de la zona de confort y fallamos? La gratificación no llega y, en su lugar, nuestro cerebro nos inunda con frustración. En este punto puede pasar que aquellas personas que tienen mayor grado de madurez o han logrado aprender a manejar la frustración no la sientan. Sin embargo, en algún momento de sus vidas debieron pasar por este proceso y su cerebro incorporó la habilidad de no quedarse en un estado de frustración. Volvamos. Si algo salió mal, nuestro líder oculto, tratará de cuidar la energía y nos lo recordará en futuras "**expediciones**". Pero no todo está perdido, se aprende a fallar y a seguir adelante. Somos la prueba viviente de ello. Nuestros ancestros fueron resilientes y gracias a que ellos superaron las contingencias, hoy estamos acá. ¡Qué bello término "expedición"! Según la RAE, es la acción de expedir, mover algo de un sitio a otro. También se refiere a una empresa realizada en un punto distante, como una expedición militar o científica. Cuando nos aventuramos por el camino de mayor resistencia, trasladamos nuestros aprendizajes, miedos, experiencias, emociones, hacia un nuevo punto, a veces "lejano", otras no tanto. Esto hace que nuestro líder oculto intente alertarnos con las herramientas que ya posee: emociones, temores, viejos aprendizajes, creencias, egos y lealtades (profundizaremos estos términos más adelante). Todos son patrones mentales y conductuales que fuimos incorporando en nuestras vidas. No desesperemos. Comprenderemos cómo podemos sobrepasar estas barreras en el capítulo de creencias limitantes y en cada uno de los capítulos tendremos herramientas que nos ayudarán a transitar nuevos caminos. Solo necesitamos paciencia y ganarnos la confianza de nuestro líder oculto, entregando micro experiencias positivas que refuercen nuestra confianza. Robustecer nuestra autoestima. La suma de pequeñas retribuciones de éxito hará que el premio sea aún mayor. Por haber aprendido a subsanar fallas pequeñas y por no gastar energía de más nuestro cerebro reconocerá nuestro acto con un alto grado de valor. Del mismo modo ocurre en la agilidad: conjunto de prácticas mediante las cuales debemos encontrar un equilibrio entre el esfuerzo y el valor percibido, de manera regular. En un contexto tan complejo, cambiante y veloz como el actual, aprender a fallar es esencial para subsistir, pero debemos hacerlo de manera segura y rápida. El fallo temprano, su corrección y el reinicio del proceso son oportunidades para ampliar nuestro conocimiento y mejorar nuestras prácticas. Aquí quiero detenerme un momento para hablar de una palabra que pasó inadvertida, pero que me encanta: la oportunidad. Siempre digo que **las oportunidades suelen venir disfrazadas**. A veces parecen ser obstáculos, limitaciones o barreras; otras veces, su disfraz es tan tenue que rápidamente las reconocemos y las aprovechamos. Pero muchas veces, ni siquiera las percibimos y las dejamos escapar. Imaginemos a los seres humanos de hace cuarenta mil años, viajando enormes distancias para encontrar comida o agua. Debieron adaptarse de manera ágil y sistémica. El contexto cambiaba para ellos día tras día, minuto a minuto. Las amenazas y vulnerabilidades del entorno estaban siempre al acecho, pero lograron sobrevivir. ¿Cómo lo hicieron? A través del movimiento, la priorización, la adaptación y la entrega continua de valor, tanto para sí mismos como para su tribu. Al fallar debían buscar soluciones eficientes, rápidas y, literalmente, si no lo hacían de ese modo, morían. La eficiencia y la velocidad fueron cruciales para sobrevivir en un entorno hostil que exigía una creatividad e innovación constantes. Más importante aún debió haber sido reconocer las oportunidades, identificarlas rápidamente y aprovecharlas. Seguramente haya sido la norma para lograr subsistir. Estos equipos primitivos, imagino, tenían claras las responsabilidades, al menos las más básicas, alguien que salga a cazar, otro a cocinar y cuidar a la tribu, e imagino que debían tener al menos bien en claro el criterio de aceptación, sobrevivir. Aunque también la plasticidad cognitiva debía ser alta por el riesgo innato que traía la inclemencia del contexto[3]. Sus expectativas seguramente eran simples, pero fundamentales: seguir viviendo, alimentarse, beber, dormir, dejar descendencia y gastar poca energía en conflictos. La adaptación al cambio exigía un alto grado de tolerancia a la frustración y de comprender de qué modo saciar las necesidades básicas de cada persona y de sus grupos. Volvamos al cerebro de esas personas. Aunque podríamos pensar que hace cuarenta mil años el cerebro era muy distinto al nuestro, en realidad, somos homo sapiens y nuestro cerebro es prácticamente el mismo. Lo que ha cambiado es el cúmulo de experiencias y el manejo de la información disponible.

3 Para ampliar sobre las habilidades del homo sapiens cazador-recolector ver Yuval Noah Harari, De animales a dioses, DEBATE, 2018, 16a ed.pág 65.

Existe una teoría desarrollada por Paul MacLean, el cerebro triuno[4], que intenta explicar la evolución del funcionamiento de nuestro cerebro, y para ello él reconoce tres estructuras[5]: Un cerebro primitivo, al que llama "**cerebro reptiliano**". Esta es la parte más antigua del cerebro. Se encuentra en la base del cerebro y está compuesta por el tronco encefálico y el cerebelo. El complejo reptiliano es responsable de las funciones básicas de supervivencia y los comportamientos instintivos. Estas funciones incluyen la regulación del ritmo cardíaco, la respiración, la respuesta de lucha o huida, y comportamientos como el territorialismo y la reproducción. Es la parte del cerebro que actúa de manera rápida e instintiva, sin involucrar procesos de pensamiento conscientes. ¿Cuántas veces te ha pasado que sentiste que algún bicho se posó en tu cuello e instintivamente intentaste sacarlo o matarlo? Seguramente muchas de esas veces no era ningún bicho y posiblemente era una pelusa, una hoja o una basurita. Esa reacción instintiva se gesta en el "cerebro reptiliano". Sigamos avanzando en la próxima estructura que propone MacLean. Él identifica un sistema al que llama **Límbico**, en palabras de Maclean (paleomamífero), que incluye áreas como el hipocampo, la amígdala y el hipo-

---

4 Paul D. MacLean, A triune concept of the brain behaviour, University of Toronto press, 1973, page 5 and 9.

5 MacLean, Paul. *A Triune Concept of the Brain and Behaviour: Hincks Memorial Lectures.* Edited by T. J. Boag and D. Campbell, University of Toronto Press.

tálamo, que fueron desarrolladas más tarde en la evolución. Es conocido como el "cerebro emocional" porque está involucrado en la creación de las emociones, la formación de recuerdos, y el procesamiento de las respuestas emocionales. El sistema límbico nos permite experimentar sentimientos como el miedo, la ira, el amor, y el placer, y juega un papel crucial en la motivación y el comportamiento social. También es responsable de la formación de recuerdos emocionales y de cómo estas emociones influyen en nuestra toma de decisiones. Por último, el **neocórtex** o nueva corteza, que es la parte más nueva y evolucionada del cerebro. Es la capa externa del cerebro y está asociada con las funciones superiores de pensamiento, como el razonamiento lógico, la planificación, la resolución de problemas, la creatividad, y el lenguaje. En los seres humanos, la neocorteza es mucho más grande en comparación con otros animales, lo que permite un pensamiento abstracto avanzado, la creación y desarrollo de la cultura, el lenguaje y la capacidad de reflexionar sobre nuestras propias emociones y decisiones. En este punto quisiera citar una frase que encontré en el libro "Introducción a la Antropología general de Marvin Harris" y dice lo siguiente: "*Nuestro cerebro es, sobre todo, una consecuencia evolutiva de nuestra excepcional sociabilidad*". [6] Aquí lo que proponen Marvin

6 Para profundizar recurrir a Marvin Harris, Alianza Editorial, 5ta edición español, Pág. 37.

Harris y Paul MacLean es que estas áreas del cerebro y principalmente el **Neocórtex** es una evolución que tuvo nuestra especie en su extraordinaria interacción con el medio. El trabajo conjunto de estos tres microsistemas del cerebro nos conforma como seres humanos y nos hace excepcionales. Según MacLean:

> *"Si los tres cerebrotipos se representan como entrelazados y funcionando juntos como un cerebro triuno, resulta evidente que no pueden ser completamente autónomos, pero esto no niega su capacidad de operar de manera algo independiente."* (MacLean, 1973).

El justo equilibrio y la interacción coordinada entre cada una de las áreas virtuales del cerebro que propone MacLean nos permite llevar adelante nuestro objetivo de vivir mejor. Cada parte trabajará de manera independiente, sin embargo, no de manera autónoma, ya que los tres subsistemas (Reptiliano, Límbico y Neocórtex) son sistemas interconectados que trabajan en armonía para lograr diferenciarnos como especie.

Bien sabemos que en términos evolutivos 40.000 años es muy poco. Sin embargo, culturalmente este lapso de tiempo es extremadamente grande. Los cambios socioculturales experimentados a través de los milenios hasta hoy resultan inconmensurables y gran parte de ellos forman parte de objetos de distintas ramas de la ciencia. El homo sapiens surge como una especie nueva en un contexto en el que el mundo estuvo despojándose de catástrofes climáticas atroces. Por consiguiente, la sociabilidad o la "socio-habilidad" debió haber sido un requerimiento fundamental para poblar el mundo y co-construir el nuevo hábitat. El líder oculto de aquellos seres era probablemente similar al nuestro hoy, pues las estructuras craneanas se mantuvieron constantes desde la aparición del homo sapiens hasta hoy. Quizás tengamos algunos indicios para fortalecer esta hipótesis observando los asentamientos, la configuración del hábitat y reconstruyendo la vida de esos seres a través de las épocas. Posiblemente el líder oculto poseía un estado de alerta superior debido a las amenazas externas que el medio les imponía. Creo que en este punto nosotros hemos llevado a la cuna una inmensa cantidad de genes ancestrales, los hemos dormido, como consecuencia de haber reconfigurado nuestro hábitat con elementos producidos por nosotros mismos. Observa a tu alrededor y dime cuántos elementos naturales encuentras. Basta con hacer un recorrido por distintas civilizaciones y detenerse en los detalles proxémicos y nos daremos cuenta que los límites y fortificaciones realizadas eran en función al contexto y posiblemente también al sistema de creencias o el inconsciente colectivo desarrollado por esas comunidades. Existen distintos patrones de épocas que evidencian el nivel de hostigamiento u percepción de amenaza. Así, por ejemplo, se han encontrado cuevas habitadas por *Neandertales* hace más de 70.000 años cuyas entradas y pasadizos son difíciles de acceder[7]. Como es el caso de la cueva de Shanidar en lo que actualmente es Irak o la Gruta de Mandrín en el sur de Francia que fue habitada por Homo Sapiens aproximadamente hace 40.000 años[8]. También, zanjas y montículos como límite de defensa. Podremos ver estas evidencias como señales de protección en el muro de Jericó o la gran muralla china. Todas son fronteras que regulan los límites del sistema, protegen a la manada.

La relación de tensión y atención con los elementos del sistema hoy ha cambiado, al menos en las configuraciones de nuestro sistema de vida moderno, pues encontramos pocos espacios naturalmente configurados y nos asentamos en pueblos, ciudades o grandes zonas urbanizadas. Por supuesto, no existe duda alguna que la relación de tensión y atención en zonas que hoy están en guerra será mucho más parecida a la vivida por nuestros ancestros primitivos, donde prima el temor, el miedo o, su expresión más fuerte, el terror, producto de las amenazas del medio.

Convivimos con nuestro líder oculto, ese cerebro automático que gestiona las tareas de supervivencia y las

7 Cueva habitada por Neandertales https://es.wikipedia.org/wiki/Cueva_de_Shanidar

8 Ludovic Slimak, Nature, 2022. https://www.nature.com/articles/d41586-022-01593-3.pdf

actividades rutinarias que no requieren creatividad ni atención consciente, recordemos que el 95% de las decisiones se toman en el inconsciente, como hemos mencionado cuando hacíamos referencia al trabajo del doctor A.K. Pradeep. Entonces, de esta manera nuestro cerebro nos mantiene en la zona "segura" y nos crea los límites mentales necesarios para estar en nuestra zona de confort, en busca de optimizar la energía. Nos marca la línea entre creencias limitantes y posibilitadoras, evitando malgastar la energía disponible. Gran parte de nuestras vidas permitimos que el líder oculto nos guíe. En ciertos momentos, tomamos conscientemente la iniciativa para conciliar nuestros pensamientos entre el pasado, el presente y el futuro, siendo este quizá el acto equilibrante que predispone a nuestra mente a la creación de un presente pleno. Como cualquier líder, a veces fallamos y otras veces logramos satisfacer nuestras necesidades y deseos. Reconocer que el líder oculto somos nosotros mismos en nuestra versión más primitiva, la que nos ha traído hasta este momento de nuestras vidas, nos permitirá dar el salto evolutivo hacia un futuro de bienestar. Aceptar, agradecer y armonizar con todos nuestros tiempos, pasado, presente y futuros, es parte del proceso de aprendizaje y crecimiento. En el siguiente capítulo, "La curva a la senti-mentalidad", te contaré cómo podemos convertirnos en personas líderes, facilitadoras del cambio e impulsoras de un estado emocional más beneficioso, trabajando de manera consciente los elementos que componen el camino a la transformación e incorporando nuevos elementos que articulan el cambio introspectivo y cultural en las organizaciones.

CAPÍTULO 3

CURVA A LA SENTI-MENTALIDAD

En las empresas, ya sean familiares, medianas, grandes o pequeñas, podemos identificar elementos de la curva hacia una nueva mentalidad. Los cambios culturales requieren esfuerzos excepcionales en cada individuo de la organización y una gran sincronización colectiva. Para ti, que deseas que tu organización sea más eficiente o que deseas transformarte y quieres alcanzar una nueva mentalidad, te voy a proponer que analicemos juntos los elementos que identifiqué y organicé en esta curva. Este grupo de elementos (Herramientas y procesos; prácticas; principios; valores) podremos encontrarlos en algunos sitios web como la "agile onion"[9]. Sin embargo, creo que la curva a la senti-mentalidad representa mejor gráficamente estos conceptos y, a la vez, es potenciada por los componentes que he decidido incluir luego de haberlos analizado y estudiado en las organizaciones que he trabajado. Avancemos y comencemos a descubrirlos. Algunos de estos componentes son fácilmente reconocibles, mientras que otros, más intangibles, pueden ser más difíciles de hallar o hacer conscientes. La curva a la

---

9 https://www.adventureswithagile.com/understanding-the-agile-onion/

senti-mentalidad tiene varios tramos, y es fundamental que los analicemos uno a uno.

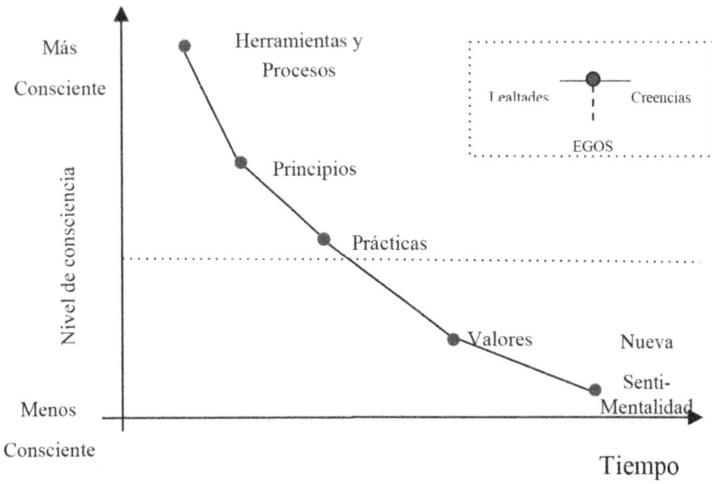

Como se muestra en el Gráfico 1, esta curva se basa en dos ejes: el eje vertical representa el nivel de consciencia, mientras que el eje horizontal muestra el paso del tiempo. Esta curva intenta reflejar los grupos de elementos conscientes e inconscientes y su identificación a lo largo del tiempo. Como hemos mencionado en párrafos anteriores, nuestro cerebro dedica el 98% de su energía a tareas inconscientes, y los elementos que se encuentran de la mitad del gráfico de la curva hacia abajo son vividos de manera menos consciente. Esta curva la vivenciamos a diario en las organizaciones y como podrás apreciar, la transitamos mayormente inconscientemente. Lo que determinará en qué segmento nos encontramos es la tensión y atención que aplicamos a cada elemento de la curva. Este modelo podrá ayudarte a potenciar tus habilidades introspectivas y como líder. Analizar cada elemento te permitirá descubrir el poder que tienen para crecer personalmente, profesionalmente y mejorar los vínculos en cualquier equipo. Descubrirás que ese poder proviene, en gran parte, de ti, y que, si deseas liderar, necesitas reconocer los elementos, hacerlos conscientes y decidir desde qué lugar quieres seguir aprendiendo a ser. Observa detenidamente el Gráfico 1. Imagina que estás en esa curva e intenta reconocer cada elemento en tu entorno laboral. Verás que, a medida que bajas en la curva, el reconocimiento se vuelve más difícil, dejan de ser tan evidentes. No tengas temor, es absolutamente normal en el sentido gaussiano de la palabra, no poder identificar fácilmente los elementos menos conscientes. Reconocer los principios, valores y creencias organizacionales es un camino arduo y mucho más complejo según la cantidad de personas que interactúan en la organización, sobre todo porque la expresión de esos valores se manifiesta en el plano conductual y cada persona actuará distinto, según sus creencias y principios de vida. El conjunto de valores, creencias y principios, en gran parte, da entidad al cuerpo cultural de la organización. Vayamos a la curva y comencemos a analizar sus componentes.

Elementos de la curva

Sobre la gráfica podemos apreciar distintos elementos, los explicaremos para comprender qué sucede en el camino a la nueva senti-mentalidad y disponerlos a nuestro favor.

Herramientas y procesos

El primero de ellos representa a las herramientas y procesos. Esto es lo más consciente en la organización; con mayor o menor dificultad podemos saber qué herramientas tenemos para operar y qué procesos intervienen en nuestra operación diaria. La organización interactúa continuamente a través de las herramientas y los procesos, que son los elementos que podrán adoptar cambios más rápido. Aunque pueda parecer lo contrario, estos cambios suelen ser aceptados más rápido que otros. Para ser más explícitos, una organización puede disponer de herramientas ofimáticas como Excel, Word, PowerPoint, sistemas de gestión, entre otras herramientas. También tiene procesos establecidos, aunque sean mínimos, en áreas como compras, ventas, marketing, contabilidad y producción. Todos estos procesos y herramientas se utilizan de manera consciente para operar y si la organización decide cambiarlos por otros, por más que el esfuerzo sea alto, lo podrá realizar con mayor rapidez, en tanto y en cuanto se tomen en consideración los elementos de la curva que siguen en nuestro análisis.

Prácticas

El segundo elemento en la curva son las prácticas. Aquí podemos encontrar desde las más conocidas hasta las emergentes e innovadoras, como *Waterfall, Design Thinking, Scrum, DevOps*, entre otras. No es objeto de este libro entrar en detalle sobre cada práctica, pero te recomiendo buscar más información sobre cada práctica o marco de trabajo, les dejo en una nota al pie un link donde podrán ampliar[10]. Las prácticas son algo que se experimenta fácilmente en la organización, y si se decide cambiarlas, esto puede hacerse con relativa rapidez, aunque la velocidad no garantiza el éxito de la implementación ni los resultados esperados. Todos estos cambios involucran a los demás elementos de la curva en mayor o menor medida. Por lo tanto, debemos estar atentos para lograr hacerlos conscientes y apalancarnos en ellos.

Un ejemplo típico sobre las prácticas podría representarse en esta conversación organizacional:

Persona 1: Tenemos serios problemas, somos terriblemente lentos. Cada cosa que queremos hacer se dilata demasiado. Y lo peor es que, si el tema sale de nuestra área, hay una cadena de - censuramos esta expresión- (personas ineficientes) y al final nuestro equipo termina haciéndolo todo.

---

10 https://www.aden.org/business-magazine/metodologias-agiles/

Persona 2: Nosotros estamos tratando de ser más ágiles en nuestro sector. Usamos un tablero que nos permite ver lo que tenemos que hacer, lo que estamos haciendo y lo que ya terminamos. Tablero Kanban se llama.

Persona 1: ¿Cómo es eso?

Aquí la Persona 1 se interesa en el comentario de la persona 2 y empieza a pensar que con un simple cambio de práctica todo se resolverá, sin detenerse a reflexionar sobre qué es lo que realmente está fallando en su equipo. Es fácil caer en la trampa de pensar que un cambio en las herramientas, procesos o prácticas solucionará todos los problemas, cuando en realidad estos cambios solo abordan la superficie. Es importante detenerse a pensar qué más hay detrás (o más adelante). Allá vamos...

Principios

El tercer elemento en la curva son los principios. Estas son las normas dentro de la organización, y aquí nuestra labor por reconocer y conocer cada elemento se complica. Las organizaciones, cuanto más formalizadas están y más grandes son traen consigo mismas un entramado de principios propios que dificulta cada vez más su análisis. Por ello, considerar cambiar los principios organizacionales, aunque es posible, requiere un trabajo muy complejo, lleno de restricciones y resistencias. Por consiguiente, será necesario coordinar entre múltiples áreas, personas y tener la capacidad de conectar aquellas normas que están interrelacionadas. Tal es la complejidad que el reconocimiento consciente de los principios, como su modificación o incorporación, requerirá la asignación de mucha energía. El ejercicio de cambiar culturalmente a una organización es un desafío hermoso que deberá tener en cuenta varias aristas, muchas de ellas están en este libro y me atrevo a decir que si contemplamos todos los elementos de la curva a las senti-mentalidad tendremos el camino mucho más allanado. sigamos...

Valores

Ahora es el turno de los valores. Son las guías que definen cómo actúan las personas. Los valores operan en el plano conductual, siendo el último elemento antes de lo que llamamos la nueva mentalidad. En este tramo podremos evaluar los comportamientos más importantes, tanto en las organizaciones como en cualquier grupo de personas, e incluso a nivel individual. Los valores, como la pasión, integridad, eficiencia, transparencia, valentía y compañerismo, son fundamentales, aunque difíciles de reconocer y priorizar en un grupo grande. En muchas de mis dinámicas, suelo realizar un ejercicio de co-ordenación de valores para ayudar a las personas a comprender qué comportamientos esperamos tener en el taller. También, utilizo esta herramienta para configurar un equipo de alto rendimiento, o simplemente para comprender mejor las respuestas conductuales del grupo. Tendremos en este libro un capítulo dedicado exclusivamente a los valores así que por el momento quedémonos con la definición que les comentaba antes, ya avanzaremos cuando nos toque. Una vez identificados todos los elementos de la curva, ¿ya está? No, esto solo es un esbozo de la montaña rusa que vamos a experimentar. Ahora veremos qué es lo que articula cada tramo y cómo estos articuladores pueden hacer de esta curva una experiencia sinuosa y compleja o una experiencia ágil y confortable.

Lealtades, egos y creencias

Te presento a los elementos estrella: las lealtades, los egos y las creencias. Tres fuentes inagotables de dolores de cabeza y, a la vez, de grandes alegrías. Estos elementos articuladores modifican la morfología de la curva. **Las lealtades** nos atan al pasado, impidiendo que dejemos en el pasado lo que debe quedarse allí y traigamos al presente los aprendizajes para avanzar. **Los egos**, que son como una armadura emocional y psico-social, nos impiden encontrar el equilibrio necesario para relacionarnos, interfiriendo en el orden y equilibrio de nuestros sistemas, desafiando los límites de los roles y poniendo en jaque la armonía. Y, por último, **las creencias**, que me gusta dividir en dos grupos: creencias posibilitadoras y creencias limitantes. Las creencias limitantes son barreras mentales que nos atan a través del tiempo, enredan nuestro potencial y nos magnetizan a distintos momentos del presente y del pasado. Pero también decretan erróneamente nuestros futuros. Crean presagios negativos. Impidiendo que avancemos hacia nuevos futuros de bienestar. Nos limitan en la creación de nuevos caminos y en la expresión de nuestro verdadero potencial, dejándonos anclados en una versión menos poderosa de nosotros mismos, sin permitirnos romper los límites de una falsa seguridad. En cambio, las posibilitadoras, en su justa medida, nos recargan de energía y nos impulsan a ir más allá. Con todo esto, tenemos mucho trabajo por delante en los próximos capítulos. Trabajaremos en cómo auto liderarnos, convertirnos en facilitadores de nuestros futuros y en los creadores de nuestra realidad. Al avanzar en el reconocimiento de los elementos de la curva hacia una nueva mentalidad, e incorporando estos últimos tres elementos la habremos transformado en una curva hacia una nueva senti-mentalidad.

Comprender que nuestra percepción es y será nuestra compañera experiencial, y que nuestra expectativa equilibrada y sentimientos armónicos nos permiten vivir conscientemente un presente y futuros plenos, es fundamental.

Tengo un gran desafío por delante, en el cual debo ayudarte a convertir esta curva en un instrumento poderoso de análisis introspectivo. Incluso en guiarte para que utilices esta herramienta que considero indispensable para toda persona que quiera liderarse y empoderarse.

En la próxima página te invito a que trabajemos juntos un ejercicio para comenzar a identificar los elementos de la curva en tu organización.

Ejercicio II

Herramientas y Procesos

¿Qué herramientas y procesos identificas en tu organización?
¿Qué herramientas utilizas a diario?

Prácticas

¿Qué tipo de prácticas realizas en tu equipo?
¿Algún equipo tiene prácticas distintas?

Principios

¿Qué normas exclusivas de tu organización recuerdas?

Valores

¿Qué actitudes te generan conflictos?
¿Cómo reaccionas?

CAPÍTULO 4

EL SISTEMA Y TÚ

Hasta aquí hemos mencionado varias veces la palabra sistema, sin embargo, no desarrollamos lo suficiente este término y es fundamental para lograr comprendernos como seres plurisistémicos. Por tal motivo, creo conveniente avanzar con algunas definiciones que a lo largo de mi vida han aparecido y que relacionándolas me ha permitido construir una visión propia. Analicemos la definición de Kast y Rosenzweig.

> "*Un sistema es un todo organizado y unitario, compuesto de dos o más partes interdependientes, componentes o subsistemas y delineado por límites identificables que lo separa de su suprasistema ambiental*".[11]

Lo primero que me resulta interesante es que describen un sistema como un todo organizado y unitario. "Organizado" implica que tiene un orden, mientras que "unitario" sugiere que es una entidad en sí misma.

---

11 Fremont E. Kast y James E. Rosenzweig "Administración en las organizaciones, enfoque de sistemas y de contingencias" 4ta edición - 2da edición en español. McGraw Hill 1993 - pág. 16

Luego, la definición menciona que está compuesto de dos o más partes interdependientes, lo que significa que hay una interrelación, una comunicación, vínculos entre los elementos. Finalmente, indican que el sistema está delineado por límites identificables, que algunos autores llaman fronteras. Para ejercitar y profundizar en este concepto, te sugiero que observes a tu alrededor y veas cuántos sistemas puedes identificar. Seguramente encontrarás muchos, algunos fáciles de reconocer y otros más complejos. En este libro, nos enfocaremos en dos sistemas: el profesional y el personal principalmente. Cuando observamos un sistema, encontramos que, esencialmente, está compuesto por dos tipos de elementos: estructurales y funcionales. Los elementos estructurales son aquellos que definen y organizan el funcionamiento del sistema, manteniéndose relativamente estables a lo largo del tiempo. Por otro lado, los elementos funcionales son los que generan la experiencia dentro del sistema, como la toma de decisiones, la colaboración, la comunicación y la resolución de conflictos. La articulación de estos tipos de elementos dentro de sus fronteras da la impresión de ser un sistema, sin embargo, falta un componente clave, y para ello sumaremos otra definición. Me gustaría citar a un gran maestro e inspirador, a quien hasta la publicación de este libro no he tenido el placer de conocer personalmente, pero que despertó en mí la pasión y el amor por lo sistémico. Ángel de Lope. En su libro *La Visión Sistémica HS®*, dice respecto a los sistemas:

"Un sistema es un conjunto de elementos que, interconectados entre sí, dan origen a un nuevo elemento más complejo que realiza otras funciones diferentes a las que desarrolla cada parte por separado. Estos elementos se unen y se interconectan para un objetivo en común".[12]

Como vemos, la definición de Ángel es espectacularmente clara. Me gustaría destacar la importancia que tiene la frase cuando habla sobre las funciones individuales y colectivas que se interconectan en un sistema, trabajando juntos **por un objetivo en común**. El hecho de que Ángel incorpore el objetivo común da sentido al sistema, acota el análisis y mejora el reconocimiento del sistema. Llevemos este concepto a algunos ejemplos concretos: El primero podría ser tu equipo de trabajo, allí podrás identificar que existen elementos que tienen funciones específicas individuales y a la vez colectivas, también, que el equipo está conformado por un objetivo en común, un propósito. Otro ejemplo que podríamos emplear para comprender esto es una familia, los miembros de la familia tienen funciones individuales y a la vez colectivas, así como también poseen un objetivo en común, la sub-

12 Ángel de Lope "La visión sistémica-HS" Vive Libro, 2020, pág. 27

sistencia y la continuidad. Como último ejemplo pensaremos en otro sistema más simple, tu celular, este dispositivo con todos sus componentes: parlantes, pantalla, botones, carcasa, luz, placa wifi, cámaras, batería, entre otros, conforman un sistema. Cada componente cumple un rol en sí mismo y también dentro del sistema que llamamos teléfono celular, y dependiendo de la acción que quieras realizar, utilizas uno o más de estos elementos. Me resulta interesante en este punto hacer referencia a que existirán elementos de ese sistema que desconozcamos, incluso los usaremos sin saberlo y que fundamentalmente utilizaremos cada elemento con distintos grados de consciencia. Todos esos vínculos, roles e interacciones forman parte del sistema y lo definen. A su vez, el celular también cumple un rol dentro de un sistema mucho más grande. Por tal motivo los sistemas tienen la característica de ser abiertos, transaccionan energía con el medio.

Estamos inmersos en muchos sistemas, y en cada uno desempeñamos un rol. El rol es la función que un elemento desempeña dentro de un sistema. Por ejemplo, el rol de líder, amigo, hermano, primo, ciudadano, etc. En mis talleres, suelo ayudar con la tarea de reconocimiento de nuestros sistemas pidiendo a cada persona que identifique todos los lugares donde desempeñan un rol. Este ejercicio ayuda a reconocer rápidamente los sistemas que primero se nos vienen a la mente y a la vez los más comunes, como la familia, el trabajo y los amigos. También existen sistemas que coexisten en simultáneo y quizás estés pensando en las empresas familiares. Aunque es cierto que comparten elementos y coexistan, siguen siendo dos sistemas separados. Cuando el sistema familiar y el organizacional se confunden, surge un conflicto de orden, una mezcla de roles que genera tensiones innecesarias. Aquellos que han vivido esta experiencia recordarán las cenas familiares que se convierten en reuniones de trabajo[13].

Para concluir este capítulo, avanzaré hacia la definición propia de sistema que les comenté al inicio de este apartado:

"Un sistema es una entidad atemporal conformada por distintos elementos interconectados, con un objetivo común y que están contenidos en su actividad por límites, generando tensiones e intercambios energéticos internos y con su entorno".

Bien, ahora que tenemos una definición propia de lo que es un sistema me gustaría poder explicar las partes que componen esta definición. Comencemos por la primera palabra que puede sonar inquietante, atemporal. La atemporalidad en los sistemas implica que el sistema como tal tendrá elementos que poseen cargas energéticas de distintos tiempos, por lo cual, al querer representar-

13 Si quieres conocer más sobre empresas familiares, cómo potenciarlas y hacerlas crecer sanamente, te recomiendo seguir a Martín Quirós de la consultora Quirós Pymes en Instagram.
https://linktr.ee/Martinpyme

los en un momento determinado tendremos anclajes que pasarán inadvertidos y que no son evidentes. Los elementos tendrán cargas energéticas al pasado, al presente y a los futuros que se imaginan, ya sean deseados o no. Por tal motivo, pensar a la estructura sistémica como algo del presente, representa un sesgo y un error para poder comprenderlo en su totalidad. Por ejemplo, creer que los problemas de un equipo solo tienen que ver con el presente nos hace incurrir en un error. Los vínculos entre cada persona del equipo y con los elementos del sistema siempre estarán cargados de conexiones atemporales. Cada vínculo contará con cierta cantidad de relaciones al pasado, al presente y a los futuros probables e improbables que imaginen sin discriminar si son posibles o no. Somos seres atemporales, nuestra energía viaja como un continuum entre cada uno los tiempos y conecta con ellos, algunas veces podemos identificar esa relación conscientemente y otras no. A veces, parecería que nuestro cerebro tiene la habilidad de viajar en el tiempo dejando a nuestro cuerpo atascado en el presente, de modo que el cerebro revive el pasado y experimenta los futuros creando tensiones que impactan en el cuerpo, todo en el presente. Somos seres plurisistémicos, vivimos inmersos en varios sistemas en simultáneo y por lo tanto asignamos cargas energéticas a cada sistema. Nuestro gran desafío es comprender cuánta energía tenemos y cuánta debemos destinar a cada sistema, principalmente en el que tenemos un rol.

Te invito a que hagamos juntos un ejercicio en la próxima página para identificar nuestros sistemas principales y qué relación tenemos con cada uno.

Ejercicio III

Vamos a tratar de generar un mapa que nos permita identificar los principales sistemas en los que estás inmerso. Toma una hoja, escribe tu nombre en el centro con letra pequeña y luego trata de identificar todos los sistemas en los que desempeñas un rol. Asigna un nombre a cada sistema para reconocerlos y traza líneas conectando tu nombre con cada sistema. Debajo encontrarás un ejemplo que te va a servir como guía.

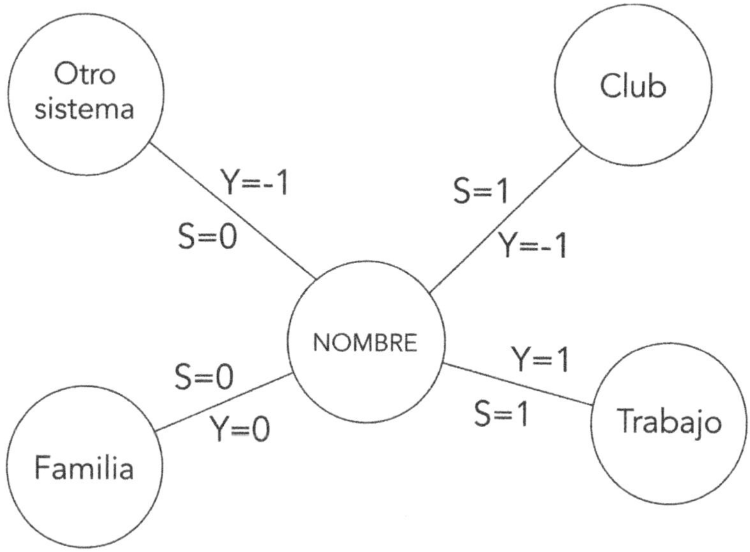

Ejemplo:

Gráfico 2: tus sistemas.

Al lado de cada línea, escribe una "S" seguida de un número, que puede ser -1, 0 o 1 (por ejemplo, S1, S0, S-1).

- Si el sistema te da más de lo que deseas, escribe S1.
- Si el sistema te da menos de lo que deseas, escribe S-1.
- Si el sistema te da lo que deseas, escribe S0.

Este ejercicio es interesante porque te permite visualizar cómo percibes tu relación con tus sistemas. Ahora, para continuar, agrega del otro lado de la línea la letra "Y" y a un costado otro número, pero esta vez pensando en lo que tú le das al sistema.

- Si le entregas al sistema más de lo que necesita, escribe Y1.
- Si le entregas menos de lo que necesita, escribe Y-1.
- Si le entregas lo que necesita, escribe Y0.

Este ejercicio nos ayuda a crear un mapa para identificar las carencias, el equilibrio y los excedentes que tenemos entre los distintos sistemas. Para identificar aún más estas relaciones vamos a volcar los datos en una pequeña tabla:

La relación, como dijimos, será de tres tipos:

a) Si hay un -1 la relación será carente.

b) Si hay un número positivo y ningún negativo la relación será excedente.

c) Si hay doble cero la relación será equilibrada.

Ejemplo de tabla:

Sistema	Sistema (S)	Yo (Y)	Relación
Club	1	1	Carente
Banda	0	1	Excedente
Familia	0	0	Equilibrada
Trabajo	1	1	Excedente

Ahora seguramente tengas un borrador interesante para analizar y determinar en qué sistemas debes trabajar. Podrás enfocar tu energía en aquel sistema que requiera de tu atención. No te preocupes, porque a medida que avancemos en los capítulos, aprenderemos herramientas que nos ayudarán a mejorar cada relación, equilibrar los vínculos con el sistema y también con los elementos que componen a cada sistema. Veremos cómo desatar los nudos de las lealtades, entender los egos y resignificar las creencias limitantes para convertirlas en posibilitadoras. Por ahora, enfoquémonos en aquellas conexiones en las que hay un desequilibrio y avancemos en el camino a aumentar tu bienestar.

Analicemos el ejemplo del ejercicio, si consideramos el "sistema Familia", el sistema me otorga lo que deseo y yo también entrego lo que el sistema necesita, lo que significa que la relación está en equilibrio. Esto puede parecer ideal, pero es solo un ejemplo. En cuanto al "sistema Trabajo", si el sistema me da más de lo que deseo y yo también doy más de lo que el sistema necesita, esa relación parecería ser excelente. Sin embargo, no pasará mucho tiempo antes de que, a medida que mi energía se agote, el S1 se convierta en un S0 o un S-1, ya que mientras me sienta lleno de energía, no notaré ninguna falta.

Busquemos una analogía para ejemplificar los excesos y carencias de energía. Recuerdo cuando era muy chico tuve un profesor de ciencias naturales que despertó en mí la pasión y el interés por la ciencia. Su nombre es Daniel Poiré, doctor en ciencias naturales y geología. En una clase estábamos hablando de conceptos físicos, probablemente del concepto fuerza y él siempre tenía ejercicios prácticos para todo, cada tema que explicaba había una práctica para reforzar y comprender la ciencia. No recuerdo en este momento el tema específico, posiblemente estuvimos investigando la fuerza de gravedad, pero ese ejercicio me sirve como anillo al dedo para poder explicar lo que sucede con las "cargas energéticas" de los elementos del sistema. El ejercicio constaba de extender el brazo y sostener un lápiz. Claramente durante los primeros 10 segundos el lápiz no lo percibimos como un objeto "pesado", sin embargo, al pasar los segundos y minutos ese pequeño elemento, que no representaba absolutamente ninguna amenaza era percibido como un objeto pesadísimo. Más aún, a medida que pasaba el tiempo el vínculo con el elemento era cada vez más intenso, la atención estaba puesta en el lápiz, y en los músculos que lo sostenían. Cada segundo que pasaba, el peso se volvía cada vez más insoportable. Claramente está que el lápiz jamás varió su peso, simplemente yo no disponía de la misma energía para soportarlo ¿Cuántas veces cosas pequeñas se convierten en algo difícil de cargar? ¿Cuántas de ellas creemos que es algo insignificante y aun así el peso es insoportable en el tiempo?

La energía varía constantemente, y aprender a dosificarla es una tarea compleja. Conocer nuestras carencias y excesos puede parecer tarea difícil, pero el ejercicio de reconocimiento que realizamos anteriormente es un buen comienzo y podremos entender los diferentes sistemas, nuestra relación de atención, la tensión entre cada sistema y nosotros. Recordemos que en mi definición de sistema hago hincapié en que el sistema es atemporal, por lo cual deberemos ampliar nuestro espectro de análisis para comprender que el pasado, presente y futuros también intervienen en el equilibrio que deseamos tener. La búsqueda del equilibrio es constante, ya que tanto nuestros deseos como nuestras percepciones cambian con el tiempo. Lo que en un momento parecía suficiente puede dejar de serlo después. Es importante que estemos abiertos perceptivamente para que logremos pensar nuestra energía e identificar cuándo debemos equilibrarla. En una charla de trabajo, acompañada de un café, estaba conversando con una colega, Felicitas Romano, sobre problemas y desafíos de algunos grupos de trabajo. Tratando de entender que sucedía con uno de esos equipos que, al parecer, existían diferencias y choques entre las personas que lo componían. Empezamos a divagar sobre las expectativas y la percepción, y construimos una hipótesis: el problema radica en las expectativas. Esto desató una discusión muy interesante, que ahora incluyo en este libro. Algo que parecía tan simple se convirtió en un elemento de análisis sobre los problemas y la interpretación del equilibrio. Las expectativas y la percepción funcionan como una diadema que corona al problema. Las tensiones estructurales y funcionales entre estos dos elementos hacen que la energía circule en busca de equilibrar la ecuación. La expectativa que tenemos del sistema y nuestra percepción buscan manifestarse a través de las emociones, revelando las tensiones subyacentes del equilibrio. **Encontrar el equilibrio entre las expectativas y el valor percibido es crucial**. Por favor, vuelve a leer lo que está en negrita. Retomaremos el concepto de expectativa más adelante y lo desarrollaremos con mayor profundidad. Aceptar el sistema tal como es nos ayudará a encontrar nuevas oportunidades desde un plano energético más maduro, esto es, trabajar las expectativas. Salir del plano de la queja para inmiscuirnos en el plano del virtuosismo y la mejora continua, así, nos convertiremos en verdaderos protagonistas del éxito y no espectadores del fracaso senti-mental. Veremos que nuestras emociones trabajarán a nuestro favor y que nuestra percepción mejorará. La aceptación no es lo mismo que la resignación. Resignarse es no buscar oportunidades y rendirse, es bajar los brazos. Aceptar, en cambio, significa recibir lo que está dado y utilizarlo para nuestro beneficio, descubrir oportunidades, tomar el control interno, reconocer lo que es propio y construir nuestros futuros. Por lo tanto, aceptar al sistema, sus elementos y vínculos nos permitirá liberar tensiones innecesarias, canalizaremos nuestra energía al plano de las soluciones y crearemos un entorno propicio para aumentar nuestro beneficio. El acto de aceptar requerirá que tomes consciencia para impulsarte a un nuevo estado de bienestar. Desechar las energías que te limitan y aprovecharlas para alcanzar tu máximo potencial en todos los sistemas.

CAPÍTULO 5

EL SISTEMA, LA EXPECTATIVA, LOS DESEOS Y LA NECESIDAD

¿Deseamos los que necesitamos? ¿Percibimos lo que esperamos? Estas son dos preguntas que al finalizar el capítulo demostraremos que son retóricas. Para ello, necesitamos adentrarnos en el fascinante mundo de los deseos y las necesidades.

A menudo confundimos deseos con necesidades, convirtiendo los deseos en algo imprescindible mientras que algunas necesidades quedan desatendidas. El deseo es algo que queremos tener para aumentar nuestro bienestar, mientras que la necesidad es aquello que requerimos para seguir viviendo.

En el capítulo sobre el líder oculto, les conté cómo el cerebro busca ser eficiente, y aquí encontramos algo interesante relacionado con eso. Nuestro cerebro es sumamente eficiente en la satisfacción de necesidades, pero como los deseos escapan a la "autonomía" del cerebro primitivo y requieren de un esfuerzo adicional, él debe gastar más energía para satisfacerlos. Por lo tanto, el cerebro intenta regular la energía a través de los sentimientos. Recordemos al líder oculto: cuando intentamos salirnos del camino de menor resistencia, rápidamente trata de corregirnos y nos lo comunica a través de la emoción. Él maneja un lenguaje complejo, ya que dependiendo de la zona que estemos activando tendrá distintas estrategias para hacernos saber que nos pasa. Nuestra responsabilidad es descifrar el mensaje y comprender si lo que nos sucede es una emoción o es un sentimiento. Quedémonos por el momento con que las emociones son mensajes que nuestro cerebro nos manda para avisarnos algo y que los sentimientos son construcciones más avanzadas que conformamos después de haber experimentado una emoción. No nos detendremos en las emociones porque es objeto del próximo capítulo. Entonces, avancemos con un ejemplo rápido para distinguir entre necesidad y deseo: podemos desear oler un perfume, pero no podemos desear aire, lo necesitamos. Si tenemos sed, podríamos desear una gaseosa o un jugo, pero la necesidad se satisface con agua. Por tal motivo diré que siento sed de beber agua pero que estoy deseoso de consumir alguna gaseosa. Distinguir entre deseos y necesidades es crucial para aumentar nuestro bienestar y el de los equipos en los cuales desempeñamos un rol. Cuanto mejor entendamos los deseos, aspiraciones y proyecciones, más cerca estaremos de trazar un camino hacia el éxito y bienestar propio, y de cada miembro del equipo. Esto es tan importante como hacer conscientes estos deseos y percibirlos con la mayor precisión posible, incluso para poder priorizarlos por sobre las necesidades inherentes al propósito del equipo. Al hacer nuestros deseos transparentes, podemos ayudarnos entre nosotros a lograrlos.

A menudo pienso en los deseos y necesidades como si fueran capas de una cebolla. Es interesante pensar que, al igual que en una cebolla, dentro de cada conjunto de deseos puede haber una necesidad. Estos elementos coexisten en tiempo y espacio, son un todo y trabajan juntos en la compensación energética. ¡Apa! ¿Será que los deseos y las necesidades son un sistema en sí? ¿Cuál sería el objetivo común que tienen? Claramente los deseos conforman un sistema también, e incluso están inmersos en sistemas más complejos.

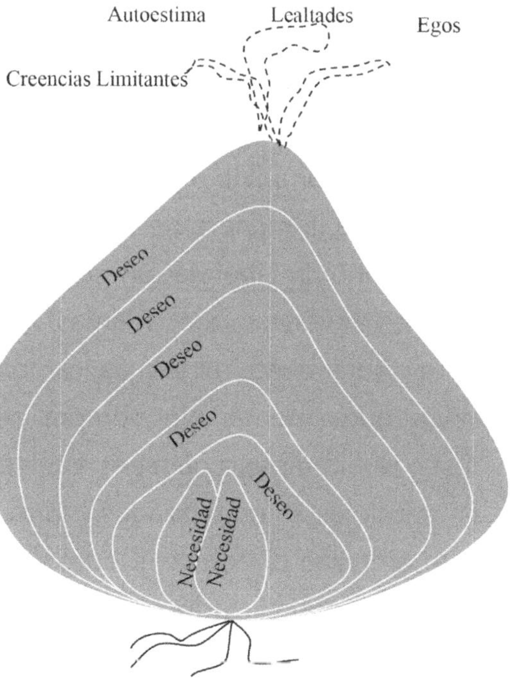

Gráfico 3: La cebolla y los deseos

Así como las necesidades son desencadenantes de procesos y estrategias para la preservación y el desarrollo de los individuos, los deseos conforman un subsistema que tendrá como meta la representación, aunque imperfecta, de la necesidad. Por tal motivo, es vital para transformar nuestro Ser, reconocer qué deseos son funcionales al hábitat y cuales a nuestro interior. En este punto entonces, disponemos de nuestra inteligencia sentimental, para afrontar tales desafíos.

Cuando los deseos son desmedidos y la expectativa desmesurada, el valor percibido no es suficiente, y un deseo insatisfecho se convierte en un objeto tensor energéticamente. Nuestro cerebro tiende a completar el vacío existente y en tal sentido buscará nuevas estrategias (consumirá energía) para intentar cumplirlo. Incluso, hasta en caso de no satisfacerlo buscará la manera de encontrar, en un acto desesperado para ahorrar energía, un culpable para ello. Tan complejo es este proceso que, además, al satisfacerlo, inmediatamente podría buscar algo más, cambiando nuestras expectativas nuevamente. No siempre es necesario cumplir un deseo por completo para perseguir otro, ya que los deseos a menudo están entrelazados y forman un todo.

Si preferís un ejemplo diferente, piensa en un telar: al modificar un deseo, afectó todo el entramado, porque en esencia, los deseos forman un sistema. Están relacionados entre sí y a su vez también lo están con nuestros tiempos, pasado, presente y futuros.

Podemos dividir las expectativas en dos categorías: expectativas hacia nosotros mismos y expectativas hacia los demás. Es importante mencionar que las expectativas hacia los demás están construidas con deseos que gestamos cuando sentimos un desequilibrio en nuestra relación con los elementos del sistema, cuando queremos modificar la tensión con alguno de sus componentes. Ahora bien, si queremos que el sistema se modifique ¿es más fácil esperar a que otra persona cambie o es más simple cambiar nosotros? Seguramente responderás que es más simple nuestro cambio. Una última pregunta para deshacernos del deseo de tener expectativas hacia fuera: ¿Qué emociones positivas te genera tener expectativas con los otros elementos, y qué emociones negativas? Ahí está la clave: al trabajar en nuestras propias expectativas, no solo crecemos emocionalmente, sino que también obtendremos una perspectiva más empática de los elementos del sistema que nos rodea. Si nosotros cambiamos, los elementos del sistema también lo harán, porque el sistema busca continuamente el equilibrio.

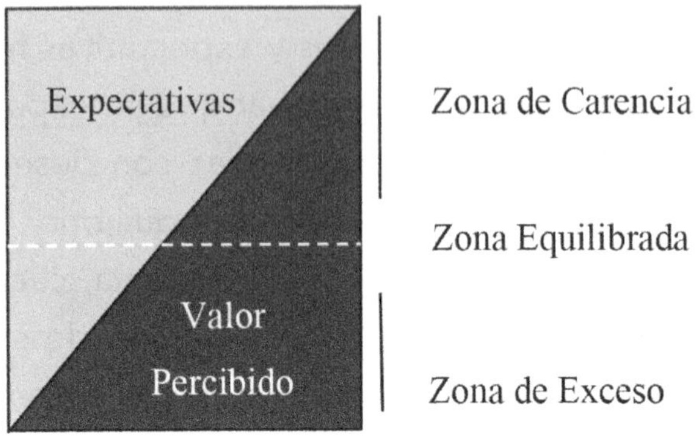

Gráfico 4: Expectativas vs. Valor Percibido

La expectativa y el valor percibido son inversamente proporcionales:

Antes de cerrar este capítulo de los deseos creo conveniente explicar el postulado sobre la expectativa y el valor percibido. Al igual que los deseos, las expectativas también forman parte de varios sistemas interrelacionados. Por lo cual considero que no es un término que debemos tomar livianamente. Este postulado sugiere entonces que a medida que la expectativa construida sobre un objeto tiende a aumentar, el valor percibido tomará el camino contrario, será más bajo.

Altas expectativas → menor valor percibido

Bajas expectativas → mayor valor percibido

Las razones detrás de este postulado radican en que nuestra satisfacción se verá influenciada por múltiples factores y no solo por la experiencia vivida. La expectativa está construida en esencia por uno o más deseos y como los deseos son copias imperfectas de la necesidad la percepción podría verse distorsionada. Sin embargo, existen casos en los que el valor percibido coincide con la expectativa y es entonces, cuando decimos que hemos logrado un intercambio justo. Pues bien, también existen los casos en que el valor percibido excede a las expectativas y esos casos son aquellos en los cuales no hemos construido un cuerpo de deseos excedidos.

A continuación, veremos el gráfico de las expectativas replicado en dos personas más. En él podremos apreciar como las expectativas, cuando no están comunicadas correctamente y no están calibradas, la percepción de valor es diferente para cada persona. En el caso de la persona A la expectativa está calibrada, pero no así en B y en C. En el caso de la persona B la expectativa es alta y por consiguiente el valor percibido es bajo. No es el caso de la persona C que tiene la expectativa más baja y el valor percibido es alto. Pero ¡ojo!, tener la expectativa baja no es conformismo, aquí lo que quiero decir es que necesitamos comprender y calibrar nuestras expectativas, haciéndolas cada vez más grandes, paso a paso, para ganar confianza en nosotros mismos y ayudar a quienes nos rodean a que también puedan ampliar sus expectativas y logren ganar poder y confianza poco a poco. Equilibrara el sistema de expectativas. Bien, ahora que comprendemos cómo funcionan las expectativas y cómo percibimos el valor; que los deseos son copias imperfectas de las necesidades; y que las necesidades son las desencadenantes de procesos y estrategias para la preservación y el desarrollo, podemos pensar en algún ejercicio para entender mejor nuestros deseos. Vayamos juntos a la página siguiente y realicemos un ejercicio que nos ayude a trabajar en la aceptación. Despojarnos de las perturbaciones que nos alejan del bienestar y trabajemos para permitirnos mejorar nuestras expectativas.

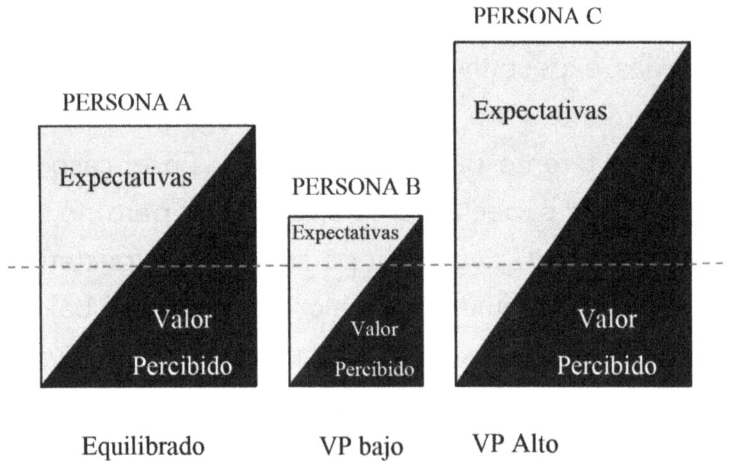

Ejercicio IV

El camino del deseo

Escribe un deseo. Pero hagámoslo distinto, escríbelo como si ya lo hubieses cumplido. Un deseo realizado. De esta manera trataremos de hacer ingeniería inversa para alcanzar tus sueños. Muchas veces es más complejo tratar de pensar como realizar un deseo porque está muy lejos de nosotros, pero al pensarlo como realizado nos permite trazar una nueva estrategia. Con este nuevo enfoque, evitamos trabajar el camino del deseo de principio a fin, sino que lo configuramos de fin a principio, cambiando la mirada y desarmando al deseo hasta su génesis; Despojándolo de la tentación de bloquear nuestro deseo con limitaciones infundadas.

Trabajemos un ejemplo, si tu deseo es lograr una posición de mayor responsabilidad escríbelo así:

"**He logrado la promoción que tanto soñaba, al fin la he conseguido".** Esta frase representa entonces, la visualización de nuestro deseo. Para lograr la que el deseo se manifieste de una manera consciente, debemos enfocarnos en esa visualización, preparar al cuerpo y a nuestra mente a recibir la materialización del deseo. Trabajar la expectativa para afinar las percepciones y buscar estrategias y tácticas para la acción. Regalarle a tu cuerpo la posibilidad de vivir mentalmente ese estado deseado para luego buscar que me ayudó a realizarlo, predisponiendo a nuestra mente a un estado mucho más abierto.

Comencemos a desarmar nuestro deseo para ver que limitaciones propias y ajenas encontramos.

¿Qué pudo haberte limitado a alcanzarlo? Trata de reconocer que es lo que pudo haberte impedido alcanzarlo, pero en la última etapa antes de lograrlo, esa última milla justo antes de tenerlo, puede ser una cosa o varias, una persona o varias, lo importante es reconocer todo lo que puedas.

Una vez identificadas las limitantes, vuelve a leer el deseo, ahora intenta pensar lo siguiente:

Del 1 al 10 cuán cerca estás de eso que quieres. Anota ese número al lado del deseo.

Si pudieras eliminar una de las cosas que te limita, la que al eliminarla te haga moverte más cerca del 10, ¿cuál sería?, ¿tienes el poder de eliminar eso?

En caso de que sí, ¿Qué te impide hacerlo?

En caso de que no, ¿Trata de identificar a tu alrededor si existen otros caminos que permitan sortear esta limitación? Por ejemplo, ¿Alguien puede ayudarte a lograrlo?

¿Cuál sería la segunda limitante?

¿Cuál sería la tercera? y así hasta agotar todas las limitantes que reconozcas.

Bien, ahora te voy a pedir que pienses en qué emociones te hace sentir cada limitante y que trates de escribir en la tabla que he realizado debajo para ti, si esas emociones tienen que ver con tu pasado, presente o futuro.

Es importante que trates de recordar en que momentos de tu vida sientes o pudiste haber sentido cada emoción, trata de encontrar el patrón y pregúntate **para qué está esa emoción ahí**, de que te intenta proteger. Luego evalúa como si fuese una balanza cuánto pesa el pasado, el presente y el futuro en tu cabeza. Nuevamente tenemos una referencia interesante para saber que nos desequilibra, nos mueve del presente, nos desenfoca y no nos permite aumentar nuestro bienestar. Para que podamos alcanzar nuestros deseos debemos lograr ser eficientes energéticamente.

Traer al cerebro al presente es importante para que podamos tener atención y percepción plena de lo que sucede y lograr encontrar los caminos que podríamos tomar, ahí está la clave de nuestros futuros de bienestar.

Vamos a tomar una de las emociones, podríamos empezar por la que nos genere la primera limitante, ejemplo, supongamos el temor, como primer desencadénate de la limitación; Inmediatamente vamos a escribir una frase que nos ayude a reprogramar esto, lo vamos a hacer de la siguiente manera: Vamos a agradecerle a [la emoción] por habernos acompañado hasta acá.

Ejemplo: "Gracias **temor** por acompañarme hasta acá. Sé que has intentado protegerme. Ahora sé quién eres, seguiré este camino sin ti. Yo puedo"

Realizar esto mismo con todas las emociones nos ayudará a reconciliarnos, aceptarlas, darle el lugar que merecen, liberarlas y liberarnos. Para ayudarnos a grabar esta frase en nuestro cerebro debemos repetirla por las mañanas al despertar y a la noche antes de dormir, al menos por quince días sin interrupciones y por no más de 20 días.

Fin del ejercicio.

Como hemos experimentado, tanto en el ejercicio número 1 como en el ejercicio 5, lo que estamos trabajando es la aceptación, es el autoconocimiento y el compromiso de empoderarnos para poner a disposición de nuestros futuros de bienestar nuestras emociones y sentimientos. Claro está, como he dicho anteriormente, que **trabajar la aceptación no es lo mismo que resignarse**. La resignación no nos deja avanzar, simplemente es bajar los brazos y esperar a que los componentes del sistema cambien. Cuando acepto, reconozco, busco comprender su función y tomo el poder para ser libre en acción. Me expando.

En el próximo capítulo vamos a conocer algunas emociones y sus nombres, para poder darle entidad a lo que sentimos y también explorar una manera simple pero muy efectiva para comenzar a gestionarlas. Conocer nuestras emociones por su nombre y nivel de intensidad nos dará el poder de definir mejor lo que nos pasa. Vayamos al próximo capítulo y descubramos más claves para la transformación personal y organizacional.

CAPÍTULO 6

LAS EMOCIONES COMO POTENCIADORAS DE NUESTRO LIDERAZGO

Hasta ahora hemos visto cómo aprender a percibir algunas de las expresiones de nuestro ser, trabajar las expectativas y analizar el entorno para ponerlo a nuestro favor. En este capítulo, nos centraremos en las emociones, para reconocer su importancia, aprender a gestionarlas y utilizarlas como herramientas para nuestro liderazgo. Me gusta pensar en las emociones como respuestas a estímulos internos o externos, un lenguaje primitivo.

Según Plutchik, existen ocho emociones básicas: ira, asco, tristeza, sorpresa, miedo, confianza, alegría y anticipación[14]. En los años 80, Plutchik estableció un modelo taxonómico de las emociones, donde reconoce un conjunto complejo de emociones y otras más básicas.

---

14 Plutchik, Robert. *Emotions and Life: Perspectives from Psychology, Biology, and Evolution.* American Psychological Association, 2003.

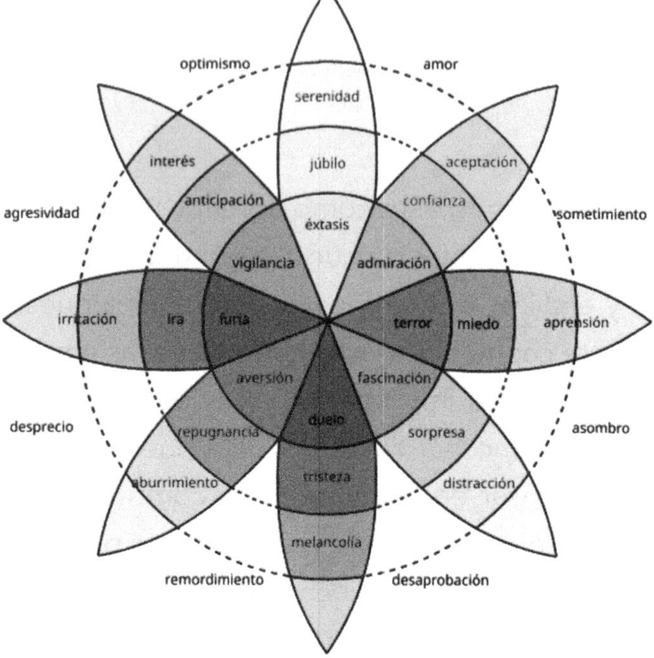

Cada una de estas emociones tiene, según el autor, diferentes niveles de intensidad, y su nombre cambia conforme aumenta o disminuye esa intensidad. Por ejemplo, el miedo: en su expresión menos intensa es llamado temor, y en su forma más intensa, terror[15]. No es el propósito de este libro adentrarnos en un estudio profundo de la teoría de Plutchik, especialmente porque hay mucha información disponible en la web sobre este tema y en parte porque el

---

15 Podrán investigar más en detalle sobre la rueda de Plutchik en el siguiente link: https://es.wikipedia.org/wiki/Robert_Plutchik

tratado de las emociones que desarrolló Plutchik es muy rico, abarcativo, extenso y necesitaríamos dedicarle un libro entero para abordarlo como él lo merece. Sin embargo, su modelo nos ayuda a comprender que una misma emoción tiene diferentes grados de intensidad y que, a medida que esta aumenta o disminuye, la emoción se transforma. Ahora, enfoquémonos en tres emociones que, para mí, fueron fundamentales en el camino hacia la senti-mentalidad: el miedo, la confianza y la alegría.

Comencemos por el miedo. Seguramente en algún momento de tu vida has sentido miedo, una emoción bastante común ¿verdad? A lo largo de mi vida, he experimentado el miedo en diversas situaciones, algunas, en su versión más fuerte, el terror, otras, he sentido una versión más suave, el temor. De lo que sí estoy seguro es que cada vez que el miedo o el temor aparecían en mi cabeza se configuraban escenarios en el cual la pertenencia, mía o de otros, se vería vulnerada. La pertenencia al sistema.

Recuerdo mis primeras sesiones de innovación o talleres de construcción de equipos; sentía un pequeño temor antes de comenzar, y a medida que se acercaba el inicio del taller, ese temor crecía en intensidad. En esos momentos, tenía tres opciones: enfrentar el miedo, huir de la situación o quedarme paralizado[16] frente a la audiencia. Lo único que puede rescatarnos en esos momentos

16 Aquí encontrarán más información sobre la respuesta de lucha, huida o parálisis. https://journals.physiology.org/doi/pdf/10.1152/ajplegacy.1914.33.2.356

es la confianza, una de las emociones más posibilitadoras que existen, capaz de impulsarnos hacia nuevos caminos y crear futuros diferentes. Es importante reconocer en la vida a aquellas personas que están a nuestro alrededor y que nos motivan a confiar en nosotros mismos. En mi vida he conocido a varios, uno de ellos es Pablo D'Amico, alguien que fue mi líder en mis comienzos como coach y ha logrado desbloquear en mí la pasión por la innovación y el pensamiento posibilitador. La confianza es creer en las posibilidades, muchas veces de manera inconsciente. Vencer el miedo y adquirir confianza puede llevarnos a experimentar otra emoción que provoca un salto energético muy positivo: la alegría. La alegría y la confianza forman una díada ineludiblemente potenciadora. Juntas crean la emoción o sentimiento del amor; aquí me apoyo en el modelo de Plutchik para hacer tal afirmación. La alegría está relacionada a sentimientos de placer, satisfacción y bienestar. La confianza implica seguridad y conexión beneficiosa con otros elementos del sistema. Cuando ambas emociones se combinan las experimentamos emocionalmente con una complejidad que podríamos llamarla amor. Sin entrar en romanticismo, es importante comprender que tener confianza en uno mismo y cultivarse de alegría crea un ambiente propicio para amarse y romper con las creencias limitantes. Aquí necesito ser enfático contigo, para aumentar tu bienestar necesitas amarte, resignificar tus creencias para liberarte de lo que te ancla al pasado y lo que te aleja de los futuros de bienestar que imagines. La importancia de quererse, de decirse palabras positivas y de eliminar frases limitantes, mejorará nuestra autoestima y nos dará un mayor valor. Hasta ahora, hemos hablado poco sobre el poder, al menos de forma explícita. Como mencionamos en capítulos anteriores, nuestro líder oculto nos asigna sólo un dos por ciento de energía para que trabajemos conscientemente en ciertas cosas, por consiguiente, él se queda con el noventa y ocho por ciento restante. El poder que tiene sobre nuestras acciones diarias es enorme. Para poder salir de la zona de confort o inconfort y avanzar hacia nuevas zonas de aprendizaje, es crucial empoderarse, generar confianza con nuestro líder oculto y reunir evidencias para que él nos habilite a seguir experimentando. Salir del coto de la zona de confort puede percibirse "peligroso", y es en esos momentos cuando la resistencia aparece, el líder oculto, nuestro cerebro primitivo, enciende las alertas. Esto es debido a que la búsqueda de nuevos caminos puede resultarle un riesgo para la preservación y la pertenencia, es percibido como un riesgo. La manera de trascender esa resistencia es a través del empoderamiento y la confianza. Basándome en mis aprendizajes es vital asumir riesgos, entender que los errores son oportunidades y que la metacognición con nuestro líder oculto debe ser transparente y complementaria. En efecto, si desarrollamos la capacidad de hacer conscientes nuestros procesos de pensamiento y nuestros patrones emocionales, avanzaremos hacia la maduración de nuestra inteligencia sentimental, entonces, habremos incorporado el hábito de la metacognición.

Estimular nuestro cerebro para generar mayor confianza y alegría hará que nuestro líder oculto nos retribuya aún más, nos impulse a un nivel más elevado y nos brinde una nueva zona segura de aprendizaje continuo que abrirá nuevos caminos. Recordemos que el líder oculto somos nosotros mismos en nuestro estado más primitivo. Reconozcamos que **todo lo que nos decimos se grabará como una alerta futura, y desactivar o no programar esa alarma es nuestra responsabilidad**. Sí, las palabras tienen ese poder y muchos más[17].

A lo largo de nuestra curva hacia la nueva senti-mentalidad, hemos profundizado en la complejidad de las emociones y en cómo influyen en nuestras vidas y en nuestras interacciones con el entorno. El miedo, una de las emociones más arcaicas, nos lleva a respuestas instintivas como la parálisis, la lucha o la huida, estos mecanismos de defensa están profundamente arraigados en nuestro ser. A su vez, no solo nos protegen en situaciones de peligro real, sino que también se activan en contextos donde el riesgo es imaginado, manifestándose en formas que pueden limitar nuestro crecimiento

17 El poder de lo que nos decimos. Por Martina Rua. Basado en el libro de Mariano Sigman "El poder de las palabras". https://www.utdt.edu/ver_nota_prensa.php?id_nota_prensa=20736&id_item_menu=6

personal y profesional. Nuestro verdadero poder radica en la capacidad que desarrollemos para reconocer estos patrones y, a través de la confianza, transformar el miedo en una fuerza impulsora en lugar de una barrera. La confianza nos empodera, dotándonos del coraje necesario para avanzar, incluso cuando el camino sea incierto. Este poder que les propongo no se basa en la ausencia de miedo, sino en la habilidad de reconocerlo, afrontarlo, aceptarlo y superarlo, utilizando nuestras experiencias y conocimientos para fortalecer nuestra determinación. La confianza, entonces, no es solo un estado emocional, sino un pilar fundamental sobre el que construimos nuestra capacidad de liderarnos y tomar decisiones asertivas. Sin embargo, la confianza resulta insuficiente si lo que deseamos es fortalecer los vínculos. Es preciso incorporar una nueva emoción que proteja al vínculo, la alegría. Esta emoción trae consigo una carga energética positiva, en tanto, trabaje en el plano de la admiración.

La alegría infunde en nosotros una energía positiva que nos permite abordar los desafíos con optimismo y creatividad, y la confianza nos da la seguridad para explorar nuevas posibilidades y aceptar los riesgos que conllevan. Juntas, estas emociones nos permiten trascender nuestras limitaciones, rompiendo las creencias que nos atan y abriendo nuevas puertas hacia el bienestar y la realización personal. Este proceso de transformación no sólo es relevante para los seres humanos, sino que también se refleja en el mundo natural, donde diferentes especies experimentan emociones similares, aunque en otros contextos y con expresiones distintas. Es fascinante considerar cómo el miedo, la confianza, la sorpresa y la alegría no son exclusivas de nuestra especie, sino que forman parte de un lenguaje emocional más amplio que conecta a muchos seres vivos en su lucha por la supervivencia y el bienestar. Encuentro muy interesante poder reflexionar sobre estas emociones, imaginándonos cómo cada una de ellas es vivida por distintos seres y cómo, al igual que nosotros, las distintas especies también enfrentan sus propios desafíos emocionales en la búsqueda constante de equilibrio entre instinto y adaptación[18]. A diferencia de las emociones, que son reacciones inmediatas a estímulos internos o externos, los sentimientos se parecen más a estados, son más extensos.

Construyamos una analogía simple para comprender la diferencia. Así como las vacas mastican y procesan repetidamente lo que comen para extraer todos los nutrientes, nosotros **rumiamos nuestros pensamientos y emociones**, al hacerlo transformamos la emoción en sentimientos más complejos y duraderos. La "rumia mental" implica que, con cada revisión y rein-

---

18 Animal Emotions: Exploring Passionate Natures, Marc Bekoff, BioScience, 2000, Vol.50 N°10.
https://courses.washington.edu/anmind/Bekoff%20-%20animal%20emotions%20-%20Bioscience%202000.pdf

terpretación, las emociones iniciales se transforman entrelazándose con nuestras memorias, creando patrones nemo-emocionales que refuerzan nuestros estados de ánimo, sean positivos o negativos. Al igual que las emociones pueden variar en intensidad, los sentimientos también pueden ser moldeados y profundizados por la repetición de ciertos estímulos o situaciones. Es como si cada nueva "masticada" de nuestras experiencias emocionales reaccionara en la ecuación, modificando su estructura y convirtiendo simples reacciones emocionales en estados más profundos y significativos. Mientras que una emoción puede surgir y desvanecerse rápidamente, en aproximadamente 90 segundos[19], un sentimiento, una vez rumiado, puede persistir, influenciando nuestras decisiones y comportamientos a largo plazo. Si la emoción dura 90 segundos nuestra responsabilidad será darle responsablemente ese tiempo para que se exprese y a la vez asumir que luego de ese lapso lo que hagamos con ella es responsabilidad nuestra. Puedo no elegir que emoción sentir, pero si puedo elegir que hacer luego de esa emoción.

Así como nuestra vaquita emocional extrae energía de lo que mastica una y otra vez, nosotros también podemos extraer bienestar de nuestros sentimientos, si logra-

19 Dra. Jill Bolte Taylor neurocientífica de Harvard hace referencia a que una emoción dura 90 segundos. Pueden ver una entrevista en Youtube que le realizaron. https://www.youtube.com/watch?v=vxARXvljKBA

mos gestionarlos asumiendo nuestra responsabilidad en el proceso.

Por tal motivo es de suma importancia comprender cómo nuestras emociones y experiencias se han convertido en sentimientos, y cómo estos, a su vez, moldearán nuestra percepción y bienestar.

El camino del empoderamiento habrá iniciado una vez que reconocemos nuestra responsabilidad. **Para nuestros futuros será más importante como gestionamos lo que nos pasa, más que el hecho en sí mismo**.

CAPÍTULO 7

LAS CREENCIAS LIMITANTES Y LA PÉRDIDA DE PODER

Las creencias limitantes son frases que grabamos en nuestro cerebro y que terminamos considerando ciertas. El problema radica en que esas frases no nos dejan avanzar en caminos alternativos, porque al cerebro le es más económico no entrar en la zona de aprendizaje. Estas creencias nos restan poder de acción, capacidad creativa y sobre todo nos limita los futuros de bienestar que queremos alcanzar. La creencia limitante nace, crece, se reproduce y se hace más fuerte. Para poder romper con ese círculo vicioso, se necesitan una serie de pasos, que vamos a tratar de analizar luego de ver el gráfico "resignificando creencias". Antes de llegar a resignificar las creencias limitantes considero necesario entender cómo es el algoritmo para que estas lleguen a ser lo que son, no solo en su esencia (creencias) sino en su particularidad (limitantes). La creencia es sembrada casi siempre por un hecho que se genera a causa del contacto con el exterior, al obtener una emoción negativa respecto al suceso, el cerebro busca en el pasado un mal uso de energía, sea en exceso o en carencia, por lo cual, intentará decirnos que no somos lo suficientemente buenos, entendiendo por bueno a calificar en el ahorro de energía y eficiencia esperado por nuestro cerebro. Del mismo modo buscará en los futuros imaginados si esto que nos pasa representaría una deficiencia energética, en caso afirmativo, determinará categóricamente la limitación. Ahora bien, resulta que luego de esa experiencia lo que ocurre en general es que nosotros mismos repetimos esa afirmación de no estar a la altura de los requerimientos de nuestro "líder oculto" y nos grabamos a fuego lento, "no soy bueno para esto", "no soy bueno para aquello", "no me sale bien", hasta algunas veces llegamos a negar el interés por aprender algo nuevo solo por el simple hecho de no pasar por una sensación de frustración nuevamente. Entonces, al repetir internamente esa afirmación, acabamos logrando creernos todo lo que nos decimos, por tal motivo, el comportamiento que tendremos es propio de la creencia que hemos sembrado, insuficiente para alcanzar el nuevo estado de beneficio. Así, lo único que obtenemos son resultados acordes a esa creencia y de tal modo nos decimos otra vez que no hemos estado a la altura de las expectativas y el valor percibido por nosotros mismos es bajo. Así, se refuerza una creencia y se hace cada vez más limitante.

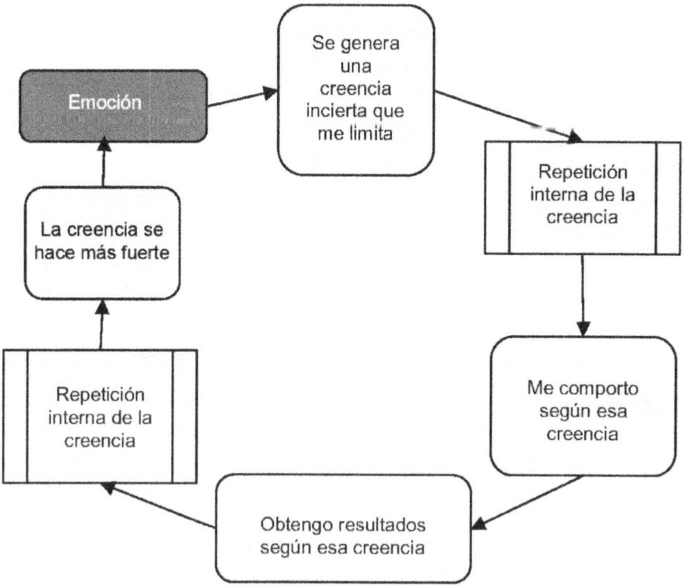

Gráfico "Círculo vicioso de las creencias limitantes"

Pero no todo está perdido, hay luz al final del camino y tenemos esperanzas de poder romper con este algoritmo. La propuesta para superar esto radica en lo siguiente: Como punto de partida debemos reconocer que existe esa creencia limitante. Por el momento no pensemos en el por qué, solamente tratemos de visualizar qué me limita a alcanzar lo que deseo obtener, pero solo en lo que tenga responsabilidad y libertad de acción. Piensa en algo que desees, puedes volver sobre el ejercicio que realizamos anterior mente o crear uno nuevo. Piensa también en las limitaciones tuyas que creas tener para lograrlo. Realicemos una configuración previa para ayudarte a reconocer mejor la supuesta limitación y luego avanzaremos al ejercicio. Una creencia limitante sonaría más o menos así:

Si no fuese porque soy malo en .... seguramente podría lograr ....

Si no fuese porque no me sale .... Seguramente podría lograr ....

Ejercicio V

Luego de identificar que existe una creencia ahora debemos indagar la función que tiene. ¿De qué emoción me está protegiendo? ¿de qué me protege pensar así? ¿para qué está esta emoción aquí? ¿qué función cumple esa creencia en mi vida?

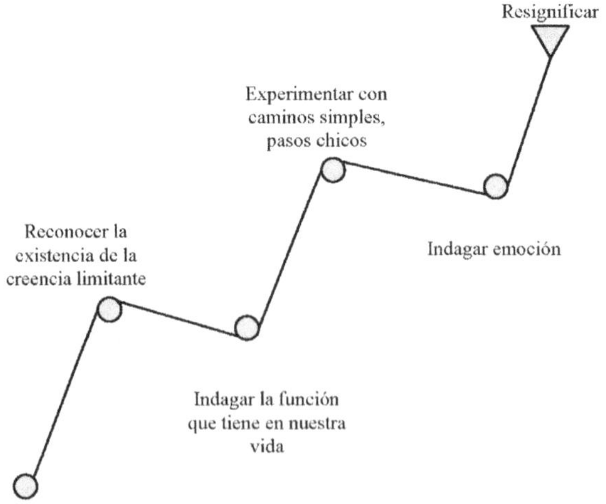

Gráfico "Resignificando creencias"

Guía para identificar creencias limitantes

- Frente a un desafío ¿Qué pensamientos recurrentes tienes y no te dejan avanzar?
- ¿Qué frases negativas te dices a ti mismo a diario?
- ¿Cuándo fue la primera vez que pensaste o sentiste eso de ti?
- ¿Qué elementos o personas ratifican esa creencia?
- ¿Cómo son tus expectativas frente a los desafíos? ¿Son muy altas?
- ¿Cómo te hace sentir pensar eso de ti?
- ¿Qué costo energético tiene para ti pensar así?
- ¿Existen pruebas reales de que esa creencia es real?
- ¿Siempre es así o hay momentos en los que la creencia pareciera no ser cierta?
- ¿Quién te ha hecho creer esto? Tú.

CAPÍTULO 8

EL EQUILIBRIO COMO POTENCIADOR DE LA EXPERIENCIA

En párrafos anteriores mencioné que la búsqueda del equilibrio es constante. Las necesidades, los deseos y las emociones nos impulsan a movernos, y al hacerlo, todo el sistema en el que estamos inmersos también se mueve. Encontrar el equilibrio depende de nuestra capacidad para reconocer el lugar que ocupamos, el lugar que deberíamos ocupar, y la posición de los demás elementos dentro del sistema. Esta búsqueda puede ser una ecuación compleja, un camino incierto y a veces ambiguo. Imaginemos por un momento que tenemos que considerar cada uno de los elementos del sistema, representarlos mentalmente y tratar de prestar atención a las tensiones que existen entre ellos. Claramente, este ejercicio es extremadamente complejo. Por eso, es fundamental sacar la información del plano cognitivo y proyectarla: hacer un mapa, evaluar los elementos y las tensiones involucradas, pero de una manera que nos permita modelar o representar esa información de forma tangible, evidenciando los vínculos. ¿Recuerdas el ejercicio 1? Fue un buen comienzo. Agrupar algunos componentes e identificarlos como elementos interrelacionados nos permitió, al menos, reconocer en qué sistemas estamos inmersos y cómo es la relación equilibrante o desequilibrante entre cada sistema y nosotros. Reconocer nuestro espacio, nuestro rol y los elementos que generan más tensión en nosotros nos abre un nuevo escenario en la búsqueda del equilibrio, potenciando nuestra experiencia y contribuyendo a mejorar nuestro bienestar. Darnos cuenta de esto no garantiza un estado de bienestar alcanzable en el corto plazo, es un proceso optimizador en el cual seguramente experimentarás emociones fuertes que pueden variar desde el asombro o la sorpresa, hasta el miedo, la decepción o la tristeza. La buena noticia es que todas estas emociones se revertirán al encontrar nuevos caminos hacia el bienestar. Reconocernos dentro de los sistemas, identificar y aceptar los vínculos, nos insta a tomar el poder para configurar y reconfigurar nuestro presente, convirtiéndonos en artífices de muchos futuros. Estas emociones negativas que mencionaba en el párrafo anterior surgen cuando nos adentramos en una zona que incomoda a nuestro líder oculto, el cual siempre intenta mantenernos dentro del coto de confort, recordemos que su función es mantenernos a salvo. Al visualizar y comprender este mapa, dilucidamos el perímetro o las fronteras del sistema, entendemos nuestro lugar y el poder que poseemos de movernos para que el sistema se reconfigure. Al revertir estas emociones, sentiremos alivio. Recuerda que cuando nuestro líder oculto encuentra luz en un nuevo camino, nos recompensa, en este caso por liberarnos de tensiones innecesarias. Esto es lo que estamos haciendo mientras leemos este libro o realizamos los ejercicios, generamos nuevas conexiones y nuestro cerebro experimenta un nuevo equilibrio químico y energético. Felicitaciones por tu coraje; has salido del coto de confort y has iniciado el camino hacia el empoderamiento y la felicidad. Los griegos utilizaban un término que llegó a mi vida bastante tarde, **eudaimonía**. Aunque quizás lo haya escuchado antes en mi vida, quizá en alguna clase de secundaria, no le presté demasiada atención hasta hoy. Eudaimonía es una palabra conceptual compuesta por dos términos griegos "eu" y "daimon", buen espíritu. En algunos escritos, la palabra puede representar a la "felicidad".

La felicidad es una bella palabra que ha sido distorsionada y maltratada con fines espurios a través de nuestra historia como humanos. Nos basta con ver o escuchar cualquier discurso publicitario o propagandístico y siempre tratará de venderte la sensación de que ellos tienen la clave para que seas feliz, o al menos, menos infeliz. Es interesante que en este punto retomemos lo que vimos en el capítulo "**El sistema, la expectativa, los deseos y la necesidad**". La felicidad, a mi modo de verla, es un estado que perseguimos y que surge de las interacciones sistémicas, en la búsqueda de una función que equilibre los vínculos internos y externos. De este modo, si creemos en el equilibrio fuera de nosotros y tratamos de manipular los elementos del sistema para obtenerlo, estamos creando una relación superficial, basada en emociones efímeras que solo satisfacen nuestros egos y someten nuestro verdadero estado de felicidad a un burdo sistema de deseos. Una de las claves que descubrí a lo largo de mi vida para alcanzar estados de felicidad y que creo fundamental es el ejercicio de la introspección y la metacognición para aceptarse y agradecerse. Esto es sanar los vínculos internos, abrir nuestra mente y sentimientos en todos los tiempos, conciliando pasado, presente y futuros. Vivimos en una sociedad que nos hace creer que la felicidad está fragmentada en pequeñas partes dispersas por todo el sistema, y que pasamos nuestras vidas buscando estas fracciones día tras día. A veces, parecería que otras personas son poseedores de esos fragmentos, y la adquisición de la felicidad se convierte en algo transaccional con los elementos que se encuentran dentro del sistema, cuando en realidad es algo inherente a nosotros mismos. Sí, la felicidad es tuya, y la construcción de ese estado depende completamente de ti. Pensemos simplemente en cada bien, cada servicio, cada publicidad; continuamente estamos bombardeados por elementos del sistema que pretenden darnos algo de esa felicidad. Pero ¿está allí? la respuesta es no.

A veces nos encontramos sumergidos en una construcción surrealista de nosotros mismos. Incorporamos elementos foráneos que compensen el desequilibrio y que no pertenecen al sistema que conforma nuestro estado deseado de la felicidad. Completamos con elementos foráneos los huecos que generan las réplicas imperfectas de las necesidades, los deseos. Al aumentar la complejidad del sistema, incorporando más elementos, se hace más difícil entonces mesurar el centro respecto a todos los elementos, o al menos, a los que mayor tensión generan en nosotros mismos. Claramente, cuando comenzamos a eliminar tensiones con los elementos del sistema, redireccionamos la energía hacia nosotros y comprendemos que el centro de medición energético está dentro nuestro. A su vez, que la distancia y tensión entre los elementos son mesuradas por nosotros. Entonces, estamos en condiciones de avanzar hacia un nuevo equilibrio, encontrando un nuevo espacio y orden como personas empoderadas. Cuando logramos equilibrar, balancear y despojarnos de los deseos superficiales que están erróneamente atados a las necesidades, nace el poder de cambiarlo todo y crea una narrativa de beneficio continuo en la cual nuestro protagonismo es inminente. Somos actores y guionistas de nuestra historia.

Hasta aquí hemos hablado de la eudaimonía como el concepto aristotélico de la felicidad. Para complementar este término, creo conveniente introducir algo que, cuando irrumpió en mi vida, creó un sismo cogno-emotivo: Ikigai. Esta es una palabra japonesa que representa "la razón de ser". En un par de renglones más, te mostraré una ilustración para comprender de qué se trata este concepto y por qué vamos a incluirlo en este libro. El concepto de Ikigai está compuesto por cuatro conjuntos definidos por los siguientes enunciados: Aquello que amas. Aquello en lo que tienes habilidad. Aquello que el mundo necesita. Aquello por lo que te pagan.

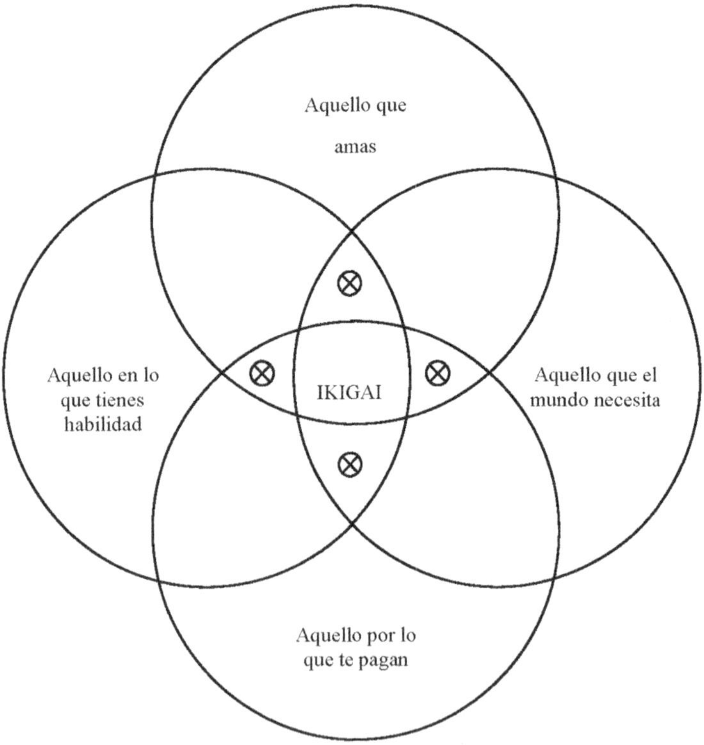

Este diagrama de Venn de la filosofía oriental es una maravilla que despertó en mí un sinfín de pensamientos. Primero, porque logró con un simple gráfico reducir mis variables de vida; segundo, porque las intersecciones de este diagrama van develando misterios y estados que, en el caos sistémico en el que estamos inmersos, resulta muy complejo comprender. Llegar al punto en el cual podemos simplificar algo tan complejo como la búsqueda de la razón de ser a través de estos cuatro conjuntos me parece una obra de arte maravillosa. Ahora bien, aunque este gráfico me resultaba majestuoso, sentí que le faltaba un retoque. Quizás porque me resultaba difícil entender algunas situaciones de la vida cotidiana. Por ejemplo, veía que había personas que parecían estar en el centro del gráfico. Hacían lo que amaban, eran buenos o sentían que eran buenos en su labor, su rol era necesario y, además, tenían un buen salario. Pasaban horas en la oficina, estaban 24/7 disponibles para el trabajo, y las conversaciones que entablaban eran en un 99% sobre trabajo. Personas auténticamente *workaholics* (adictas al trabajo). Sin embargo, entendía que había algo en sus otros sistemas que posiblemente no equilibraba su vida.

Antes de avanzar con un experimento que nos va a ayudar a proyectar el IKIGAI en múltiples sistemas me gustaría retomemos por un breve momento el concepto de Eudaimonía para ayudarnos a comprender qué es lo que sucede en aquellos casos en los cuales enfocamos toda nuestra energía en un solo sistema. Según la concepción de Aristóteles la eudaimonía sería el resultado de vivir una vida virtuosa, en armonía con la razón y orientada hacia la plena realización del potencial humano. Podríamos decir en términos actuales equilibrar armónicamente el sistema límbico en conjunto con el neocórtex. Conformar una dupla virtuosa entre la razón y la emoción. Encontrar el camino a la homeostasis sistémica que permita balancear la ecuación para que el potencial humano se exprese en todos sus sistemas.

Habiendo hallado entonces este *insight* (conocimiento) interesante del balance plurisistémico avancemos y retomemos nuestro experimento con el gráfico de Ikigai. Quisiera modificarlo en dos de sus conjuntos y ver qué sucede. Comenzaremos retirando "Aquello por lo que te pagan" y renombrándolo como "Por lo que te retribuyen"; y "Aquello que el mundo necesita" por "Aquello que el sistema necesita". ¡BUM! Ahora el magnífico gráfico del Ikigai cobraba sentido en múltiples sistemas: laboral, familiar, club, amigos, banda de música, etc. Hemos convertido el concepto en IKIGAI Sistémico.

Al modificar el gráfico, incorporando los términos "Por lo que te retribuyen" y "Aquello que el sistema necesita", ampliamos la aplicación de este concepto a todos los ámbitos de la vida, no solo al trabajo.

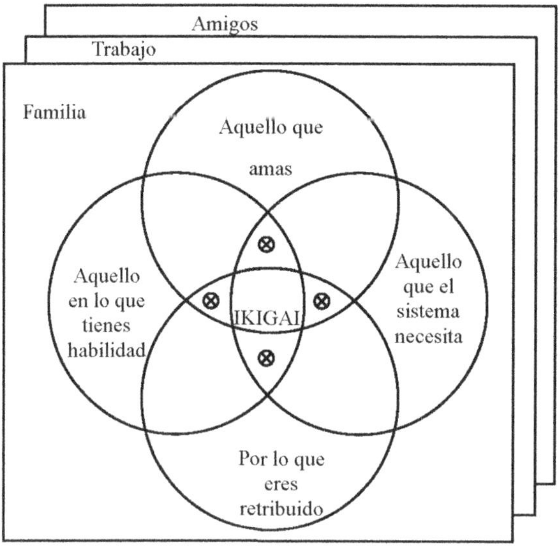

Esta nueva perspectiva nos permite visualizar cómo el equilibrio, esa constante búsqueda de la que hablábamos, se vuelve más comprensible cuando entendemos que nuestras retribuciones y necesidades van más allá de lo económico y de lo que el mundo exterior demanda de nosotros. Ahora entonces, podemos considerar lo que nuestros sistemas, como la familia, amigos, comunidad necesitan, y cómo nuestras acciones pueden contribuir a ese equilibrio integral.

Al igual que en el modelo del cerebro triuno de MacLean, donde el reptiliano, el sistema límbico y el neocórtex deben funcionar en armonía para una vida equilibrada, nuestra vida plurisistémica también requiere encontrar ese balance senti-mental. No podemos permitir que un solo sistema, ya sea el laboral, el social o el familiar, domine por completo, como del mismo modo tampoco deberíamos permitirnos cargar excesivamente de tensión emotiva o mental los vínculos con los elementos del sistema. Nuestra razón de ser va más allá de un solo sistema. Somos seres plurisistémicos, coexistimos en varios sistemas en simultáneo, claramente la simultaneidad no aplica al cuerpo, pero sí emocional y mentalmente. La clave para vivir una vida plena, como sugieren tanto Aristóteles con su eudaimonía o lo que propone el concepto de Ikigai, radica en encontrar y mantener ese equilibrio en todos los aspectos de nuestra vida. Es un proceso dinámico que requiere atención constante, autoevaluación, metacognición y ajustes en nuestros objetivos y prioridades. El equilibrio no es un estado fijo, sino un flujo constante que necesita ser observado, revisado y analizado regularmente. Aplicar esta visión ampliada del Ikigai a nuestros sistemas de vida, nos motiva a construir un bienestar genuino y duradero, uno que esté alineado con nuestras virtudes, necesidades y contribuciones que damos y recibimos de nuestros entornos.

No se trata solo de lo que hacemos, sino de cómo lo hacemos y cómo eso se entrelaza con los otros aspectos de nuestra vida. Pero, quizá una de las claves radique en para qué lo hacemos. En fin, el propósito. Con este enfoque, te invito a reflexionar sobre tu propio equilibrio y a considerar cómo puedes ajustar tu vida diaria para acercarte más a una vida plena, donde cada acción no solo responde a lo que amamos o somos buenos, sino también a lo que realmente nutre y sostiene todos los sistemas en los que participamos. Al hacerlo, estaremos viviendo de acuerdo con nuestro Ikigai, acercándonos a nuestro propósito. Dotar de sentido a nuestras acciones, objetivos y expectativas, y conocer las tensiones y el balance entre los distintos sistemas contribuirá a que podamos generar estrategias para vivir armónicamente, liberándonos de tensiones innecesarias. En la próxima página te propongo hacer un ejercicio para evaluar cuán cerca o lejos estás del equilibrio. Al terminar el ejercicio recuerda que **es poco probable que en este momento estés en el centro**, pero este ejercicio nos ayudará reconocer dónde estamos para luego generar estrategias que nos acerquen hasta allí. El ejercicio, simple, pero efectivo, te mostrará tu ubicación en el mapa.

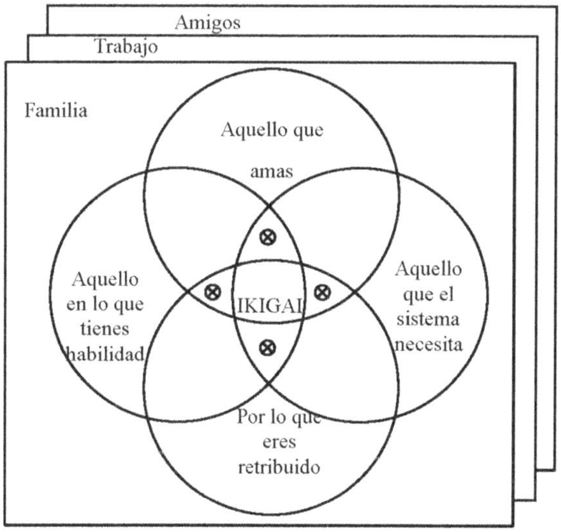

Ejercicio VI

Piensa en un sistema y trata de identificarte en qué parte de estos conjuntos estás. Luego trata de visualizarte en otros sistemas también. Si pudieses hacer un promedio entre todos tus sistemas ¿cuán cerca o lejos estás del centro?

CAPÍTULO 9

DESATANDO NUDOS. LAS LEALTADES Y LOS LAZOS DEL TIEMPO

Las lealtades son como nudos invisibles que nos atan a personas, ideas, y sistemas. Son compromisos emocionales que adquirimos a lo largo de nuestra vida, a menudo sin ser plenamente conscientes de su presencia o impacto. Imagina por un momento que estas lealtades son contratos emocionales que firmamos en silencio, compromisos con aquellos que nos rodean y con las creencias que hemos adoptado. Estos contratos, guían muchas de nuestras decisiones y acciones, incluso cuando nos llevan por caminos que no siempre elegimos de manera consciente. Estos contratos emocionales se forman desde nuestra niñez, se consolidan con las experiencias y las relaciones que construimos, y pueden estar anclados a personas cercanas, como nuestros padres, amigos o colegas, así como en equipos e instituciones que han sido significativos en nuestra vida. En el ámbito organizacional, estas lealtades pueden ser extremadamente poderosas, ya que moldean la cultura de un equipo y pueden dictar cómo nos relacionamos con nuestros compañeros de trabajo, nuestros líderes, y hasta con la misión de la organización. Ahora bien, así como los contratos pueden tener cláusulas que necesitan ser revisadas, nuestras lealtades también deben ser reexaminadas en el tiempo. Si no lo hacemos, pueden transformarnos en prisioneros del pasado, aferrándonos a comportamientos, creencias, y roles que ya no son propicios para nuestros nuevos objetivos. Nos encontramos entonces cargando con expectativas antiguas, repitiendo patrones de conducta que tal vez alguna vez fueron útiles, pero que ahora solo nos detienen. En el contexto de un equipo de trabajo, estas lealtades pueden manifestarse como un apego a "cómo siempre se han hecho así las cosas" o como una resistencia al cambio por temor a romper con lo que se percibe como un contrato tácito con los compañeros o la cultura del equipo. Por ejemplo, alguien puede sentirse leal a un estilo de liderazgo que ya no es efectivo, simplemente porque es el modo en que siempre ha trabajado, o puede mantener una actitud de conformidad para no romper con la armonía del grupo, aunque eso signifique no expresar ideas que podrían ser beneficiosas para la organización. Para ponerlo en términos prácticos, piensa en un miembro del equipo que ha estado en la empresa durante muchos años. Su lealtad al antiguo líder del equipo, que siempre tomaba decisiones unilateralmente, puede hacer que este miembro siga un patrón de conformidad, sin cuestionar las nuevas ideas o enfoques, incluso cuando un nuevo líder más inclusivo toma las riendas. Otro ejemplo podría ser la lealtad a una metodología de trabajo que ha sido efectiva en el pasado, pero que ahora está obstaculizando la innovación porque el equipo se resiste a adoptar nuevas tecnologías o procesos. Estas lealtades, si no se revisan, pueden convertirse en un verdadero peso en el camino a la transformación, ralentizando nuestro avance y, en consecuencia, comprometer el equilibrio de nuestro equipo y el de la organización. Aquí es donde es vital detenerse y preguntarnos: ¿Estas lealtades siguen siendo útiles? ¿Están alineadas con nuestros objetivos actuales y los del equipo? ¿Nos están ayudando a crecer o nos están manteniendo estancados? Desatar estos nudos no significa traicionar nuestras raíces o dejar de lado el respeto por lo que ha sido. Se trata más bien de liberar aquellas ataduras que ya no nos sirven, de permitirnos a nosotros y a nuestros equipos evolucionar y adaptarnos a nuevos desafíos. Es importante recordar que cada vez que aceptamos un cambio, inevitablemente le somos desleales a algo ya sea a una antigua manera de hacer las cosas, a una idea que alguna vez fue central en nuestra identidad, o a un hábito que solía definirnos. Reconocer y aceptar las lealtades que tenemos, tanto a nivel personal como organizacional, es el primer paso para entender cómo nos afectan y como pueden convertirse en creencias limitantes. Al alcanzar este paso estamos en condiciones de buscar estrategias para avanzar. En un equipo de trabajo, esto puede significar redefinir roles, abrirnos a nuevas ideas, y estar dispuestos a cuestionar los modos tradicionales de hacer las cosas. La verdadera fortaleza de un equipo no radica en la rigidez de sus estructuras o en la permanencia de sus prácticas, sino en su capacidad para adaptarse, para revisar regularmente sus "contratos emocionales" y para hacer ajustes que coadyuven a crear una realidad deseada. Al hacer esto, nos damos permiso para soltar esas anclas que nos mantienen atados al pasado y nos preparamos para movernos hacia futuros más flexibles y dinámicos, tanto a nivel individual como grupal. Es un proceso que puede ser desafiante, pero es necesario para construir una organización que no solo sobreviva, sino que prospere en un entorno en constante cambio. Y lo más importante, es un proceso que nos permite ser los artífices de nuestros futuros, construyendo nuestro presente de acuerdo con nuestras metas y valores, y no con las limitaciones del pasado. Desatar los nudos y liberar los lazos que construimos a través del tiempo es un acto de amor. Un acto de inteligencia emocional y uno de los mejores regalos que podemos hacernos, a nuestro yo de hoy y al de nuestra existencia. Permitiéndonos avanzar más livianos a los futuros deseados.

CAPÍTULO 10

LOS EGOS: LA ARMADURA PSICO-SOCIAL

Antes de sumergirnos en los distintos tipos de ego y cómo actúan cómo armaduras psico-sociales, te invito a reflexionar sobre momentos de tu vida en los que te has sentido vulnerable. Tal vez fue una situación en la que alguien haya cuestionado tu conocimiento o habilidades, un momento en el que sentiste que tus logros no eran reconocidos, o una ocasión en la que preferiste no escuchar una crítica por miedo a lo que podrías descubrir. Estas son situaciones comunes, que todos hemos experimentado en algún momento. Esos momentos de vulnerabilidad a menudo desencadenan la activación de un ego, una respuesta automática que busca protegernos del dolor, la inseguridad, o el miedo. Imagina, por ejemplo, que estás en una reunión de trabajo y se presenta una idea que desafía directamente la propuesta que has hecho. En ese instante, podrías sentir una punzada en el estómago, una mezcla de ansiedad y defensividad. Tal vez, sin darte cuenta, comienzas a justificar tu idea con más fuerza, interrumpiendo a los demás, o quizás decides cerrar la discusión y no permitir más cuestionamientos. O, en otra ocasión, podrías estar en una conversación social donde alguien comparte un conocimiento que desconocías, y te encuentras interviniendo rápidamente para demostrar que tú también estás bien informado, quizá desviando el tema para hablar de algo en lo que te sientes más seguro. Estos son ejemplos de cómo los egos se manifiestan en nuestra vida cotidiana. Son momentos en que nos sentimos expuestos o amenazados. Cuando la necesidad de proteger nuestra identidad o la imagen que queremos proyectar en los demás se ve vulnerada.

Los egos son respuestas que hemos aprendido a lo largo del tiempo, mecanismos que se activan para protegernos del dolor emocional, pero que, en muchos casos, terminan alejándonos de la posibilidad de crecer, de aprender, y de conectar genuinamente con los demás. Los egos son como armaduras invisibles que, aunque diseñadas para protegernos, a menudo terminan distanciándonos de las personas y alejándonos de nuestra mejor versión. Son barreras de defensa que emergen cuando algo nos incomoda, cuando nos sentimos vulnerables o cuando percibimos una amenaza a nuestra identidad o autoestima. En estos momentos, un ego se activa, pero lo hace a un costo: nos encierra dentro de una coraza que, aunque inicialmente reconfortante porque nos da la sensación de seguridad, limita nuestra capacidad para conectar genuinamente con los demás e incluso no nos permite conocer nuestra verdadera identidad. Existen diferentes tipos de ego, cada uno con su propia forma de manifestarse y con sus propias estrategias de protección. El autor Iván Durán Garlick en su libro "El EGO: como despertar e iluminar tu conciencia"[20] identificó 10 tipos de ego[21], cada uno de ellos con características distintivas. Aquí exploraremos ocho de ellos porque en principio me parecen suficientes para comenzar, también, al finalizar el capítulo tendremos un ejercicio para identificarlos en nosotros. Sin duda alguna, recomiendo explorar el libro de Iván porque en él podrán encontrar muchísima más información e incluso mejorarán sus estrategias para alcanzar nuevos estados de conciencia. Comencemos a analizar los ocho tipos de ego que pueden influir en nuestras interacciones y decisiones:

El Sabelotodo: Este ego se manifiesta cuando sentimos la necesidad de demostrar constantemente que tenemos la razón o que somos más conocedores que los demás. Es la voz interna que nos impulsa a corregir a los otros o a querer tener la última palabra. Aunque busca validación y reconocimiento, este ego puede alejar a las personas, ya que su insistencia en tener razón a menudo eclipsa la posibilidad de un diálogo abierto y constructivo. **Ejemplo**: Imagina que estás en una discusión sobre un tema en el que tienes experiencia. Alguien comparte

20 Durán, Iván. El Ego. Lectorum, S.A. de C.V., 2011.

21 González,Melissa."Dieztiposdeegoycuáleselmáspeligroso",ABC.es,2021,https://www.abc.es/bienestar/psicologia-sexo/psicologia/abci-diez-tipos-y-cual-mas-peligroso-202109090106_noticia.html#vca=compartirrrss&vso=abc&vmc=rrss&vli=fixed-link

una opinión que difiere de la tuya, y sin pensarlo, sentís la necesidad de corregirla, quizás con un tono condescendiente. Aunque logras imponer tu punto de vista, el intercambio deja un mal sabor, y los demás pueden percibirte como arrogante o intransigente. En Argentina existe una frase popular que dice "se felicita en público y se corrige en privado". Esta es una buena herramienta para saber cuándo este ego está activándose y darle tiempo a apaciguarlo, escuchar a la otra persona y esperar para luego debatir en privado con ella.

El Insaciable: El ego insaciable es aquel que nunca se siente satisfecho con lo que tiene o con lo que ha logrado. Siempre quiere más: más éxito, más reconocimiento, más poder. Este ego nos empuja a una búsqueda constante de validación externa, motorizado por la ambición, también nos aleja del presente, de la gratitud, y de la capacidad de disfrutar lo que ya hemos conseguido. **Ejemplo**: Después de obtener una promoción en el trabajo, en lugar de celebrarlo y disfrutar el logro, inmediatamente te concentras en lo que sigue, o como obtener otra posición con más responsabilidades. El éxito que acabas de lograr se siente vacío porque ya estás enfocado en el próximo objetivo, sin disfrutar de los logros obtenidos.

El Interruptor: Ego que aparece cuando sentimos la necesidad de interrumpir a los demás para hacernos escuchar. Es el ego que teme pasar desapercibido, que no tolera el silencio o la escucha activa porque necesita constantemente reafirmar su presencia. Aunque pretende asegurar que no se lo ignore, este ego puede crear barreras en la comunicación, impidiendo que se establezcan conexiones auténticas y recíprocas. **Ejemplo**: En una conversación grupal, te das cuenta de que estás constantemente interrumpiendo a los demás, completando sus frases o desviando el tema hacia algo que tú quieres discutir. Aunque participas activamente, tu ego puede generar frustración en el grupo.

El Prestigioso: Este ego se alimenta del reconocimiento social, del prestigio y de la admiración de los demás. Se centra en mantener una imagen perfecta, en ser visto como exitoso o superior. Aunque puede parecer que busca la excelencia, en realidad, este ego nos distancia de nuestra autenticidad, ya que prioriza las apariencias sobre la verdad interior. **Ejemplo**: Te esfuerzas por mantener una imagen impecable en redes sociales, compartiendo solo tus logros y momentos felices. Estarás muy pendiente de la cantidad de "me gusta" en tus publicaciones.

El Jinete: El ego jinete es aquel que necesita tener el control en todo momento. No puede delegar ni confiar en los demás, ya que su seguridad depende de estar al mando. Este ego puede llevarnos a una sobrecarga de responsabilidades y a una desconexión emocional con quienes nos rodean, ya que la necesidad de control nos impide compartir la carga y confiar en las capacidades ajenas, e incluso por momentos puede adueñarse de los logros de otras personas. "El caballo no ha ganado nada, lo he ganado yo". **Ejemplo**: En un proyecto de equipo, sientes que tienes que supervisar cada detalle, revisando el trabajo de todos y tomando las decisiones finales. Aunque el proyecto avanza, te sientes exhausto y notas que los demás se desmotivan, ya que perciben que no confías en ellos.

El Sordo: Este ego se manifiesta cuando nos cerramos a las críticas, cuando no queremos escuchar lo que los demás tienen que decir si contradice nuestra visión y dejándonos en una posición vulnerable. Es el ego que nos desplaza del camino del aprendizaje, ya que, al cerrarnos a otras opiniones, perdemos la oportunidad de crecer y mejorar. **Ejemplo**: Después de una presentación, alguien te ofrece retroalimentación constructiva, pero en lugar de considerarla, tiendes a desestimar rápidamente lo escuchado, convencido de que no tiene valor o de que simplemente no entienden tu enfoque.

El Manipulador: Este ego busca controlar no solo las situaciones, sino también a las personas. Manipula las emociones, las palabras y las acciones de los demás para obtener lo que desea. Aunque puede parecer que nos da poder, este ego en realidad nos aleja de la autenticidad y del respeto mutuo, erosionando la confianza y las relaciones genuinas. **Ejemplo**: En una negociación, manipulas la información o las emociones de la otra parte para obtener una ventaja. Aunque logras tu objetivo, la relación con esa persona puede dañarse, y la confianza verse comprometida.

El Paralelo: Este ego se presenta cuando creamos una versión de nosotros mismos que solo existe en paralelo con la realidad. Es el ego que nos lleva a fingir, a construir una imagen verosímil, amplificando la felicidad o fortaleza, y que no corresponde a nuestra verdadera experiencia. Aunque intenta evitar que invadan nuestra zona de vulnerabilidad, este ego nos desconecta de nuestra esencia y de los vínculos reales con las demás personas. Creando así una relación de interacción paralela. **Ejemplo**: Constantemente te muestras como alguien que tiene todo bajo control, que eres feliz y exitoso, aunque por dentro te sientes inseguro o insatisfecho. Esta discrepancia entre lo que proyectas y lo que realmente sentís puede llevar a una profunda sensación de soledad y desconexión. El discurso paralelo trabaja en el plano de la verosimilitud o la mentira. Utiliza recursos para convencer y manipular.

Cada uno de estos egos actúa, en las interacciones sociales, como una armadura. Nos protegen de lo que percibimos como dolor o amenaza, pero a la vez, nos limita. Cuando algo nos duele, es porque hay un ego que se activa para intentar defendernos, esa defensa puede ser contraproducente si no la reconocemos y la gestionamos en el momento oportuno. En lugar de acercarnos a los demás y a nuestra mejor versión, estos egos nos aíslan, nos alejan del aprendizaje, y nos mantienen atrapados en patrones de comportamiento, no nos sirven en absoluto para aumentar el bienestar y mejorar los vínculos. El desafío, entonces, es aprender a reconocer cuándo uno de estos egos está en juego, entender de qué nos está protegiendo, buscar maneras de soltar esa armadura y permitirnos ser más auténticos, más abiertos, más conectados con nuestra verdadera esencia y con los demás. Al hacerlo, no solo desactivamos los mecanismos que nos limitan, sino que también nos abrimos a la posibilidad de vivir de manera más plena con relaciones más genuinas. Nos ayudará a acercarnos cada vez más a una versión superadora y transformadora de nosotros mismos.

Ejercicio VII "Atrapando a EGO"

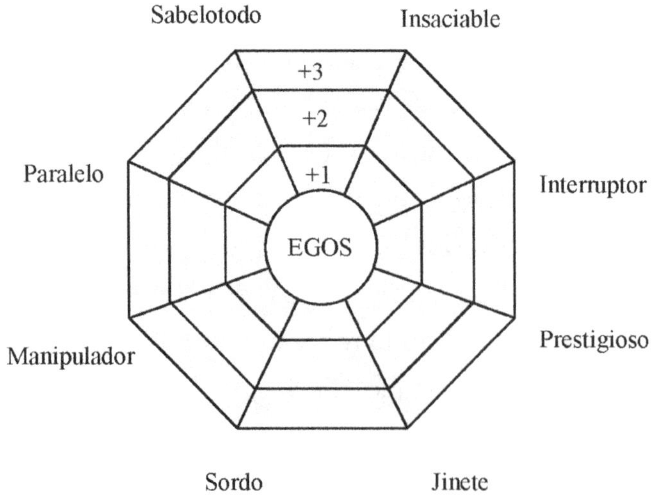

Este es un ejercicio hermoso porque nos va a permitir identificar cómo está configurada nuestra ego-armadura. Poder tomar consciencia de nuestros egos nos permitirá identificar cuáles son las barreras que nos distancian por resonancia en otras personas. Cada vez que un ego resuena en nosotros, nos aleja. Para este ejercicio lo que vamos a hacer es releer la definición de cada Ego y escribir el grado de identificación que tenemos con cada uno, utilizando el siguiente rango:

0 = No me identifico

1 = Me siento un poco identificado

2 = Casi completamente identificado

3 = Me super identifico

De esta manera vamos a poder luego graficar en el diagrama y ver la forma que tiene nuestra armadura. De nuevo, no es necesario que te sientas identificado al cien por cien con toda la definición. Si te sientes un poco identificado te agregas un 1 si tienes todo lo que dice la definición escribirás un 3, si no encuentras nada de eso será un 0. Debajo encontrarás un ejemplo y el gráfico limpio para agregar tus puntajes y descubrir la forma de tu armadura.

Ejemplo

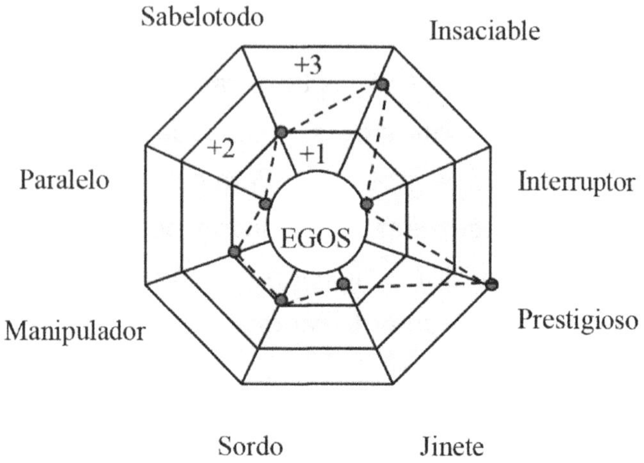
Sabelotodo
Insaciable
+3
+2
+1
Paralelo
Interruptor
EGOS
Manipulador
Prestigioso
Sordo
Jinete

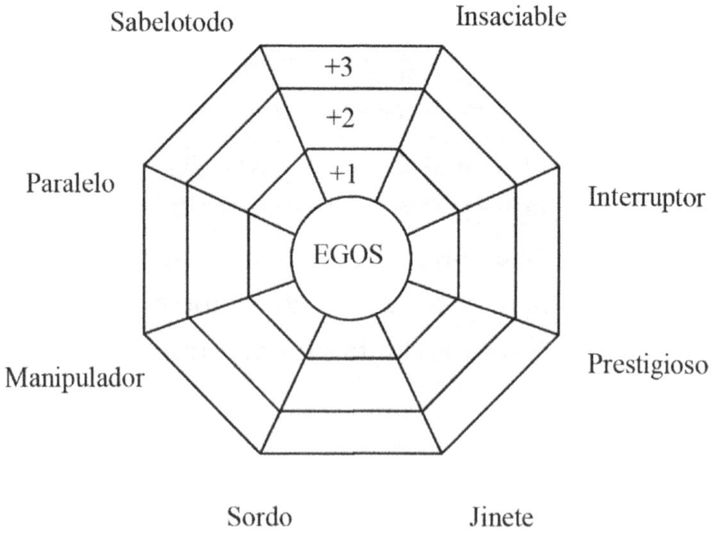
Sabelotodo
Insaciable
+3
+2
+1
Paralelo
Interruptor
EGOS
Manipulador
Prestigioso
Sordo
Jinete

CAPÍTULO 11

ACOMODANDO LOS VALORES

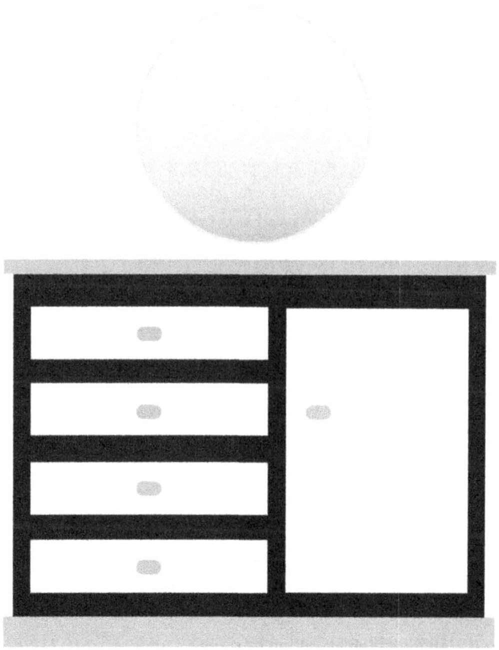

Nuestro sistema de valores es el núcleo que guía nuestras acciones, decisiones e interacciones, tanto con los demás como con nosotros mismos. Los valores que priorizamos se manifiestan en nuestras conductas diarias, y es a través de estas acciones que los demás pueden percibir lo que es importante para nosotros. Cada interacción que tenemos ya sea en un entorno profesional, familiar o social, refleja una jerarquía de valores que hemos construido a lo largo de nuestras vidas, influenciada por nuestras experiencias, creencias y contextos. Cuando hablamos de valores, principios y creencias nos referimos a nuestras brújulas internas, orientándonos en cómo comportarnos, cómo tomar decisiones, y cómo relacionarnos con los demás. Valores como la honestidad, el respeto, la lealtad, la justicia, la libertad, la empatía, y muchos otros, moldean nuestra identidad y nuestras interacciones. Sin embargo, es importante recordar que no todos priorizamos los mismos valores de la misma manera o en la misma medida, y es en esta diversidad de prioridades donde pueden surgir tanto oportunidades como conflictos. Más aún, la expectativa que construimos de los valores de otros y los propios, es lo que a menudo genera tensiones. La manera en que actuamos ante un desafío, cómo respondemos a una crítica, o cómo tratamos a los demás en momentos de conflicto, habla no solo de nuestras habilidades sociales o emocionales, sino también de los valores que consideramos más importantes. Por ejemplo, alguien que prioriza la honestidad por encima de todo puede ser muy directo en sus comunicaciones, incluso cuando sabe que su franqueza podría causar incomodidad. Otro, que valora la armonía, puede optar por suavizar sus palabras o evitar conflictos para mantener el equilibrio en el sistema, aunque eso signifique no expresar completamente su verdad. Estas diferencias en cómo priorizamos y manifestamos nuestros valores pueden influir significativamente en nuestras relaciones, ya que lo que para uno es un acto de integridad, para otro puede parecer una falta de consideración.

Es en el comportamiento donde nuestros valores se vuelven visibles, y es a través del comportamiento que los demás pueden percibir, juzgar y responder a lo que valoramos. Si alguien valora la puntualidad, por ejemplo, su comportamiento reflejará este valor al llegar siempre a tiempo a las reuniones y esperará lo mismo de los demás. Si este valor se encuentra amenazado, por ejemplo, si alguien llega tarde repetidamente, es probable que surjan tensiones, pues la conducta del otro es percibida como una falta de respeto o ausencia del valor primordial. Es importante entender que estos valores, aunque esenciales, también pueden ser fuentes de conflicto cuando se exacerban o cuando percibimos en otros su falta. Un conflicto surge a menudo cuando un valor que priorizamos se siente faltante, amenazado o no es respetado en una interacción. Por ejemplo, si valoran profundamente la flexibilidad y la otra persona se muestra inflexible, apegándose a las normas sin mostrar interés en indagar el para qué de esa norma, posiblemente exista una tensión sistémica que desequilibre la relación, causando una colisión de valores. En este ejemplo se identifica que el valor flexibilidad se ve comprometido, no en su totalidad, sino que se encuentra amenazado parcialmente. A pesar de ello, este tipo de desequilibrio es causal suficiente para que se vea comprometida la lealtad a la norma y dependiendo de cómo estén estructurados los EGOS de las personas que intervienen en ese conflicto existirá una pronta resolución o una posible colisión de valores. De manera similar, cuando observamos en otros una carencia en un valor que consideramos crucial, es natural que surja un conflicto interno o externo. Si priorizas la integridad y percibes que alguien actúa de manera deshonesta, es probable que experimentes una reacción negativa, ya que esa conducta choca directamente con lo que valoras profundamente. Este tipo de conflictos no siempre se expresan abiertamente, pero pueden manifestarse en la forma de resentimiento, desconfianza, enojo, decepción o distanciamiento. Esto es debido a que si alguien no comparte o prioriza un valor en particular pone en riesgo la integridad del sistema, la continuidad o la pertenencia. Ancestralmente la irrespetuosidad a las normas ponía en riesgo a la manada, tribu o sociedad. Recordemos que el cerebro en estructura es casi una réplica del cerebro ancestral, al menos de los últimos 40 mil años. Por lo cual, es propio de ese cerebro y, más aún en situaciones de alerta cuando nuestro líder oculto quiere tomar protagonismo. La interacción de los valores en los conflictos es particularmente relevante en entornos organizacionales. Los equipos de trabajo están formados por individuos con diferentes sistemas de valores, y cuando estos valores entran en conflicto, la dinámica del equipo puede verse seriamente afectada. Un líder que valora la innovación por encima de la estabilidad puede entrar en conflicto con un miembro del equipo que prioriza la seguridad y la continuidad. Este tipo de tensiones no solo afectan la relación entre las personas involucradas, sino que también pueden impactar negativamente en la eficacia del equipo y en el cumplimiento de los objetivos organizacionales. Aquí es donde la relación entre valores, expectativas y valor percibido se vuelve crucial. Recordemos que el valor percibido es inversamente proporcional a la expectativa. Si la expectativa que tengo de una situación o de una persona es alta, pero el resultado no coincide con esa expectativa, es probable que el valor que perciba sea bajo. Esto nos coloca en una zona de disconformidad, donde nuestras expectativas no se alinean con la realidad. Imagina, por ejemplo, esperas de un colega un alto nivel de compromiso con un proyecto porque depositas en él el valor de la responsabilidad. Sin embargo, observas que esta persona no cumple con las expectativas, entregando su trabajo de manera tardía o incompleta. La alta expectativa que tenías choca con el comportamiento que observas, por consiguiente, resulta en una disminución del valor que percibes en su contribución al proyecto y, posiblemente, en la relación misma. El valor esperado difiere con el percibido. Todo va cobrando sentido ¿no? Por otro lado, si mi expectativa es baja, pero el resultado supera esa expectativa, el valor percibido será alto, llevándonos a una zona de abundancia. Este es el espacio donde nos sentimos gratamente sorprendidos, donde las acciones o decisiones de otros superan lo que esperábamos y, por lo tanto, atribuimos un alto valor a esa experiencia o relación. Este fenómeno puede observarse, por ejemplo, cuando alguien que normalmente no es muy puntual de repente comienza a llegar a tiempo a todas las reuniones. Aunque el valor percibido de la puntualidad puede no ser tan alto en general, el hecho de que supere nuestras expectativas incrementa significativamente su valor en esa circunstancia específica. El ideal, sin embargo, es alcanzar la zona justa o equilibrada, donde el valor percibido y la expectativa se alinean colectivamente. En esta zona, nuestras interacciones y relaciones se desarrollan en un espacio de entendimiento mutuo, donde nuestros valores y los valores de los demás encuentran un terreno común y maduro. Es aquí donde se construyen las relaciones más sólidas y donde el potencial para el crecimiento conjunto se maximiza. Trabajar en la expectativa y entenderla como parte del ser plurisistémico y atemporal nos facilitará el camino. Pues, comprender los elementos del sistema y saber la relación que existe entre ellos nos habilitará para poder construir un mensaje que deberá ser cuidadosamente trabajado, el cual utilizaremos para comunicar nuestras expectativas, comprender la de los otros y llegar a un acuerdo colectivo que impulse una mejora sistémica. Este concepto de alineación entre valores y expectativas es esencial en la construcción de relaciones senti-mentales efectivas, tanto en lo personal como en lo profesional. Cuando nuestras expectativas se ajustan de manera realista y sistémica, y nuestros valores son comprendidos y respetados, creamos un entorno de seguridad psicológica[22] en el que es más fácil trabajar en conjunto, resolver conflictos y alcanzar metas comunes. Para acomodar los valores en nuestras vidas y en nuestras interacciones con los demás, es fundamental desarrollar una conciencia profunda de cuáles son esos valores que priorizamos y cómo se manifiestan en nuestro comportamiento. Al mismo tiempo, debemos ser conscientes de las expectativas que tenemos, tanto de nosotros mismos como de los demás, y cómo estas expectativas pueden influir en nuestra percepción del valor en una interacción o relación. Este proceso de autoconocimiento y ajuste no es sencillo. Requiere de una introspección honesta, de una evaluación constante de nuestras prioridades y de un esfuerzo consciente por entender las prioridades. En un equipo de trabajo, por ejemplo, es esencial que los miembros comprendan no sólo los objetivos comunes, sino también los valores individuales que cada persona

22 Seguridad Psicológica: Término creado por Amy Edmondson. Ver su sitio web: https://amycedmondson.com/psychological-safety/

aporta al grupo. Esta comprensión mutua puede ser la clave para evitar conflictos innecesarios y para fomentar un ambiente de colaboración y respeto. Al entender esta dinámica, podemos trabajar para ajustar nuestras expectativas y reconocer cuándo un conflicto de valores está en juego. Esto nos permitirá navegar mejor las interacciones difíciles, reducir la disconformidad, y buscar activamente zonas de abundancia o equilibrio en nuestros vínculos. Acomodar los valores no es solo un ejercicio de introspección, sino también un proceso de ajuste constante, donde equilibramos nuestras expectativas, reconocemos nuestras prioridades y aprendemos a valorar de manera justa nuestras experiencias y relaciones. Este proceso es dinámico, ya que nuestras expectativas y valores pueden cambiar con el tiempo, así como nuestras circunstancias y las personas con las que interactuamos. En la vida personal, esto puede significar aprender a comunicar nuestros valores de manera más clara, a ser más flexibles en nuestras expectativas y a aceptar que los demás pueden tener prioridades distintas. En un entorno profesional, puede implicar establecer un diálogo abierto sobre los valores del equipo, trabajar en la alineación de expectativas, dar y recibir retroalimentación constante y estar dispuesto a hacer concesiones cuando sea necesario. Al hacerlo, no solo mejoramos nuestras propias vidas, sino que también contribuimos a un entorno más armonioso y equilibrado, tanto en lo personal como en lo profesional. A medida que nos volvemos más conscientes de nuestros valores y más hábiles en acomodarlos en nuestras interacciones, nos acercamos a un estado de equilibrio donde podemos vivir y trabajar de manera más plena y efectiva, colaborando en aumentar la conciencia personal y de todo el sistema.

Ejercicio IX "Acomodando nuestros valores"

Este ejercicio pretende que prioricemos algunos valores. Aquí les dejo una lista de algunos, sin embargo, seguramente ustedes podrán completar la lista con muchos más.

Dignidad; Integridad; Respeto; Confianza; Lealtad; Empatía; Superación; Educación; Honestidad; Flexibilidad; Autoridad; etc.

La priorización se realizará de acuerdo con lo que crean que los caracteriza. Como les he comentado en este mismo capítulo para reconocer qué valores son preponderantes en nuestro comportamiento pueden comenzar la frase de la siguiente manera y ver si el valor que se otorguen les hace sentido. Ejemplo: En mi vida actúo con Integridad. Otra manera de identificarlo sería... Cuando actúo, lo hago orientándome mediante la honestidad. Les dejo un espacio para que ustedes puedan completar y les sea más fácil. En mi vida actúo con ______________. Cuando actúo, lo hago orientándome mediante el/la __________. Les propongo que encuentren al menos 4 valores que los representen. Pueden optar por tomarlos de la lista o agregar nuevos que crean ser más ajustados a ustedes.

Ahora lo que vamos a hacer es tratar de acomodarlos. Vamos a agruparlos de a pares. Quizá te resulte más simple si primero creas una lista de tus valores del 1 al 4.

1 ____________

2 ____________

3 ____________

4 ____________

Bien, agrúpalos de a pares. Ejemplo. (valor 1 y 3 y valor 2 y 4). Aquí es donde vamos a priorizarlos nuevamente, pero esta vez uno por sobre otro. Entonces podríamos decir, priorizo el valor 3 incluso sobre el valor 1 y a su vez priorizo el valor 2 incluso sobre el valor 4. Esto no significa que quedará grabado a fuego. Simplemente trata de acomodar los valores para saber que, a futuro cuando actuemos, lo haremos priorizando un valor por sobre el otro.

Valor 1________ **incluso sobre** Valor 2_________

Valor 3________ **incluso sobre** Valor 4_________

La importancia de este ejercicio es que esto nos permite entender de qué manera operamos. Nos ayuda a comprender qué valores son priorizados y de qué manera los agrupamos, prevaleciendo unos valores incluso por sobre otros.

CAPÍTULO FINAL

EL CAMINO DE LA TRANSFORMACIÓN A LA INTELIGENCIA SENTIMENTAL

Al llegar a este punto del libro, hemos recorrido juntos un camino lleno de reflexiones, aprendizajes y herramientas diseñadas para ayudarte a descubrir y desarrollar una nueva forma de entenderte a ti mismo y a los sistemas en los que te encuentras inmerso. Cada capítulo ha sido una pieza clave en este viaje, y es momento de hacer una pausa para mirar hacia atrás, revisar lo aprendido y preparar el terreno para lo que viene: la construcción de tus futuros. Comenzamos con **"Aprender a ser"**, un capítulo que nos llevó a recordar cómo nuestras primeras experiencias de aprendizaje, moldeadas por las personas que nos rodeaban y los recursos que teníamos a nuestro alcance, han dado forma a nuestra manera de enfrentar el mundo. Reflexionamos sobre la importancia de hacer y compartir como métodos fundamentales para aprender, y cómo, a través de esos primeros pasos, empezamos a construir la base de nuestra propia identidad. En **"El líder oculto y la zona de confort"**, exploramos cómo nuestras decisiones diarias están profundamente influenciadas por ese líder interno, que a menudo nos mantiene dentro de una zona de confort. Hablamos de cómo el cerebro, en su búsqueda de eficiencia, nos empuja hacia caminos conocidos, y cómo es necesario desafiar este patrón para abrirnos a nuevas experiencias y crecer. Reconocer a este líder oculto es fundamental para entender las resistencias internas que enfrentamos cada vez que intentamos algo nuevo. Luego, en **"Curva a la nueva senti-mentalidad"**, nos adentramos en la complejidad de identificar los elementos conscientes e inconscientes que forman parte de nuestra vida diaria, enfocándonos en el sistema laboral. Esta curva nos enseñó a visualizar cómo nuestros principios, valores y creencias organizacionales interactúan y cómo podemos hacerlos conscientes para liderar con mayor efectividad. Aprendimos que liderar es más que tomar decisiones; es también reconocer los elementos que, de manera invisible, guían nuestras acciones y las de nuestros equipos. El capítulo **"El sistema y tú"** nos brindó una comprensión más profunda de cómo estamos inmersos en múltiples sistemas y cómo nuestro rol dentro de estos afecta y es afectado por los demás elementos. Reflexionamos sobre la interdependencia entre los componentes de un sistema y cómo nuestras decisiones, por pequeñas que sean, pueden tener un impacto significativo en el equilibrio general. Este capítulo nos preparó para entendernos no solo como individuos, sino como piezas clave dentro de un entramado mayor. En **"El sistema, la expectativa, los deseos y la necesidad"**, diferenciamos entre deseos y necesidades, entendiendo que mientras los primeros nos motivan a buscar un mayor bienestar, las segundas son fundamentales para nuestra supervivencia. Exploramos cómo los deseos pueden convertirse en trampas que nos alejan del equilibrio si no los manejamos con cuidado, y cómo identificar y priorizar nuestras verdaderas necesidades puede llevarnos a un estado de mayor satisfacción y equilibrio. Cuando llegamos a "**Las emociones como potenciadoras de nuestro liderazgo**", nos centramos en la importancia que tienen en nuestra vida diaria y en el liderazgo. Aprendimos como la confianza y la alegría no solo nos afectan a nivel personal, sino que también pueden ser utilizadas como herramientas poderosas para liderar y guiar a otros. Aquel capítulo nos ayudó a comprender que las emociones no son debilidades, sino fuerzas que, cuando se aceptan y se gestionan adecuadamente, pueden impulsarnos a un nuevo estado de bienestar. En el Capítulo **"Las creencias limitantes y la pérdida de poder"**, exploramos cómo las creencias limitantes se convierten en obstáculos silenciosos que frenan nuestro crecimiento y nos alejan de los futuros que deseamos construir. Estas creencias, que repetimos internamente hasta aceptarlas como verdades, nos mantienen en la zona de confort, donde el cerebro busca ahorrar energía, evitando los caminos alternativos y el esfuerzo que implica aprender algo nuevo. Este capítulo nos ayudó a comprender que estas creencias no solo nos restan poder y capacidad creativa, sino que también limitan nuestra visión del bienestar. A través de un círculo vicioso, estas creencias se refuerzan con cada experiencia que no cumple con nuestras expectativas, erosionando nuestra confianza y reforzando la idea de que no somos lo suficientemente buenos. También descubrimos que es posible romper este ciclo y que el primer paso es reconocer la existencia de la creencia limitante y entender para qué está allí, en lugar de solo cuestionar por qué apareció. Al identificar la función que cumple, ya sea protegiéndonos de una emoción dolorosa o evitando una sensación de fracaso, podemos comenzar a resignificar esa creencia, liberándonos de sus cadenas y recuperando el poder para avanzar hacia los futuros que realmente queremos alcanzar. En **"El equilibrio como potenciador de la experiencia"**, abordamos la constante búsqueda del equilibrio en nuestras vidas y cómo este se ve afectado por nuestras necesidades, deseos y emociones. Entendimos que el equilibrio no es un estado fijo, sino un proceso dinámico que requiere de autoevaluación constante y ajustes en nuestras expectativas y valores. Este capítulo nos invitó a reconocer cuándo estamos en desequilibrio y nos ofreció herramientas para regresar a un estado de mayor armonía. **"Desatando nudos: Las lealtades y los lazos del tiempo"** nos llevó a explorar cómo nuestras lealtades, esos contratos emocionales que formamos a lo largo de la vida, pueden actuar como anclas que nos mantienen atados al pasado. Reflexionamos sobre la importancia de identificar estas lealtades y, cuando es necesario, liberarnos de ellas para poder avanzar hacia los futuros que deseamos construir. Reconocer estas ataduras nos permite soltar aquello que ya no nos sirve y abrirnos a nuevas posibilidades. En **"Los egos: La armadura psico-social"**, identificamos diferentes tipos de egos que actúan como mecanismos de defensa, protegiéndonos del dolor emocional pero también alejándonos de nuestra mejor versión. Este capítulo nos enseñó que, aunque los egos buscan protegernos, es necesario reconocerlos y gestionarlos para evitar que se conviertan en barreras que nos separen de los demás y de nuestro propio crecimiento. Finalmente, en **"Acomodando los valores"**, hablamos sobre cómo nuestros valores se expresan a través de nuestras conductas y cómo estas conductas afectan nuestras interacciones con los demás. Aprendimos que los conflictos a menudo surgen cuando nuestros valores se exacerban o cuando percibimos en los demás una carencia de estos. Este capítulo nos ayudó a comprender la relación entre valores, expectativas y valor percibido, y cómo ajustar estos elementos puede llevarnos a un estado de mayor equilibrio y satisfacción. **Construyendo los futuros** A lo largo de este viaje, hemos explorado el funcionamiento interno de nuestra mente y corazón, entendiendo que la vida no es una serie de eventos aislados, sino un complejo sistema de interacciones y relaciones que se entrelazan para formar nuestra realidad. Cada decisión que tomamos, cada valor que priorizamos, cada emoción que sentimos puede contribuir a la construcción de los futuros que deseamos. La verdadera transformación no ocurre de la noche a la mañana. Es un proceso que requiere tiempo, paciencia y, sobre todo, un compromiso profundo con nosotros mismos. Hemos aprendido que para avanzar hacia los futuros que queremos, debemos ser conscientes de las lealtades que nos atan, de los egos que nos protegen, pero también nos limitan, y de los valores que guían nuestras acciones. Pero más allá de todo, hemos aprendido que tenemos el poder de cambiar, de soltar lo que ya no nos sirve, y de reescribir nuestras historias. Este libro ha sido un mapa, una guía para que puedas explorar tu propio ser, tus sistemas, y cómo interactúas con el mundo que te rodea. Pero el viaje no termina aquí. Ahora te toca a ti tomar las herramientas que hemos explorado juntos y aplicarlas en tu vida diaria. Con ellas puedes reflexionar sobre tus lealtades, ajustar tus expectativas, gestionar tus egos, y acomodar tus valores. No se trata de buscar la perfección, sino de descubrir el equilibrio, de ser consciente de tus elecciones y de cómo estás construyen los futuros que deseas. Recuerda que la felicidad, no es un destino al que debamos llegar, sino un estado que se cultiva a diario. Es el resultado de vivir una vida en armonía con tus valores, de liderar tus emociones, de equilibrar tus deseos con tus necesidades, y de construir relaciones basadas en la autenticidad y el respeto mutuo. Es armonizar cada elemento que hemos visto en este libro, y principalmente los egos, las lealtades y las creencias limitantes. Así que te invito a seguir adelante, a seguir aprendiendo, a seguir creciendo. Este es tu viaje, y los futuros que en él construyas dependerá de las decisiones que tomes hoy. Tienes el poder de transformar tu vida y por resonancia, la de aquellos que te rodean. Y lo más importante, cada día tienes la oportunidad de crear la mejor versión de tu mismo. Gracias por haber compartido este camino conmigo. Así como muchas de las personas que te han ayudado en tu vida las recordaste a medida que ibas recorriendo el camino hacia la senti-mentalidad, a mí también me gustaría ser una de ellas. Deseo que me recuerdes como alguien que te ayudó a conocerte más y que te dio un pequeño impulso para alcanzar una versión tuya superadora. Ahora es tu turno de continuar construyendo los futuros que deseas, con la confianza de que tienes las herramientas, la sabiduría, y las fuerzas necesarias para hacerlo. Siempre hacia adelante. Recuerda que las oportunidades vienen disfrazadas y que, si las reconocemos, caminos maravillosos nos esperan. Ojalá percibas esta obra como una de ellas. Este es un libro para regalar a toda aquella persona que esté en el camino de la senti-mentalidad, o al menos, quiera estarlo. Compartamos las enseñanzas, que, al hacerlo, todo el sistema obtendrá la oportunidad de ser mejor.

BIBLIOGRAFÍA

- Braidot, Néstor P. *Neuromarketing: Neuroeconomía y Negocios*. Puerto Norte-Sur, Madrid, 2006.
- Champetier de Ribes, Brigitte. *Ejercicios sistémicos: movimientos esenciales y prácticas sanadoras de las nuevas constelaciones familiares*. Gaia Ediciones, Ciudad Autónoma de Buenos Aires, 2022.
- De Lope, Ángel, et al. *Lidera con la sistémica-HS® 360o: el nuevo paradigma que está revolucionando el mundo del liderazgo, la motivación y la eficiencia*. Letras de Autor, 2016.
- Dispenza, Joe. *Deja de ser tú*. 1ra ed., Ciudad Autónoma de Buenos Aires, Urano, 2023.
- Duran, Iván. *El Ego*. Lectorum, S.A. de C.V., Ciudad de México, 2011.
- Estallo, Judith. *Doctor A.K. Pradeep: El 95% de las decisiones que tomamos se gestan en el subconsciente*. La Vanguardia, 10 de enero de 2011, https://www.lavanguardia.com/ciencia/20110110/54098614275/doctor-a-k-pradeep-el-95-de-las-decisiones-que-tomamos-se-gestan-en-el-subconsciente.html. Accessed 10 July 2023.

- González, Melissa. *Diez tipos de ego y cuál es el más peligroso*. abc.es, 9 de septiembre de 2021, https://www.abc.es/bienestar/psicologia-sexo/psicologia/abci-diez-tipos-y-cual-mas-peligroso-202109090106_noticia.html#vca=compartirrrss&vso=abc&vmc=rrss&vli=fixed-link. Accessed 09 08 2022.
- Harari, Yuval N. *De animales a dioses: breve historia de la humanidad*. Traducido por Joandomènec Ros, Debate, Ciudad Autónoma de Buenos Aires, 2014.
- Harris, Marvin. *Introducción a la antropología general*. Alianza Editorial, Madrid, 1984.
- Kast, Fremont E., and James E. Rosenzweig. *Administración en las organizaciones: un enfoque de sistemas.* Traducido por Jorge Morcos Flores, McGraw Hill, Ciudad de México, 1980.
- Kast, Fremont Ellsworth, and James Erwin Rosenzweig. *Organization and Management: A Systems and Contingency Approach*. McGraw-Hill, 1985.
- Lope, Ángel de. *La visión sistémica-H*. 4ta Edición ed. Vivelibro, 2020.
- MacLean, Paul. *A Triune Concept of the Brain and Behaviour: Hincks Memorial Lectures*. Edited by T. J. Boag and D. Campbell, University of Toronto Press, 1973.
- Mileto, Tales. *Ortocentro, baricentro, incentro y circuncentro*. Superprof, 6 May 2021, https://www.

superprof.es/apuntes/escolar/matematicas/geometria/basica/ortocentro-baricentro-incentro-y-circuncentro.html. Accessed 10 July 2023.

- Plutchik, Robert. *Emotions and Life: Perspectives from Psychology, Biology, and Evolution.* American Psychological Association, 2003.
- Robbins, Mel. *El Poder de los 5 segundos.* Traducido por Aina Girbau Canet, Libros Cúpula, Ciudad Autónoma de Buenos Aires, 2018.
- *Peeling Back the Layers of Agile: Understanding the Agile Onion. Adventures with Agile.* https://www.adventureswithagile.com/understanding-the-agile-onion/. Accessed 10 July 2023.

SOBRE EL AUTOR

Mati Moretti es consultor en procesos transformacionales y coach de equipos. Por más de veinte años ha desarrollado su experiencia en empresas Pymes y multinacionales, cumpliendo roles de liderazgo formal e informal, pasando por áreas de innovación en TI, Brand Manager, Coordinador Regional, Digital Marketing Manager, Líder en innovación y transformación ágil, entre otros, colaborando con múltiples industrias. Desde 2018 está certificado como coach de innovación por SIT® y ha liderado más de trescientos workshops en grupos y empresas de diversos tamaños a lo largo de América. Esto le ha permitido desarrollar habilidades transversales para comprender a equipos muy diversos culturalmente y entender el funcionamiento que subyace a las expresiones conductuales en las organizaciones. Mati Moretti busca en cada obra relacionar experiencias, información, pensamientos y reflexiones, con el fin de aumentar el bienestar de las personas.

PD: Deseo que, a través del tiempo,
este libro vuelva a mi Ser, para poder
reaprender, desaprender y expandirme.

Mati Moretti.-

ÍNDICE

TEMAS

Made in United States
North Haven, CT
10 November 2026

22091500R00098